KB266696

질 생 마르탱 지음

프랑스의 작가로, 게임과 판타지 문학을 사랑하며 과학적 배경지식을 바탕으로 탈출 게임북과 퍼즐북,
모험소설을 집필하고 있다. 그는 역사적 사실과 과학적 상상력을 결합해 유쾌하면서도 교육적이고
유익한 이야기를 만들어내는 데 관심이 깊다. 실제 사건이나 인물을 바탕으로, 그 이면에 숨겨진
가상의 음모를 추적하게 하는 서사 구조가 그의 작품 세계의 특징이다. 주요 작품으로는
『세계 7대 불가사의의 비밀』,『체르노빌의 경고』,『셜록의 특별 임무』등이 있다.

김영신 옮김

프랑스 캉 대학에서 불문학 석사 학위를 받고, 불언어학 D.E.A 과정을 수료했다.
지금은 도서 기획자이자 전문 번역가로 활동하고 있다.『셜록 홈스의 범인찾기 추리퀴즈』,
『나의 첫 추리퀴즈』,『날고 싶은 아이, 프리다 칼로』,『소리를 보는 소녀』,『한 권으로 보는
어린이 인류 문명사』,『볼 빨간 아이』,『병아리』,『예술의 도시, 파리』등을 우리말로 옮겼다.

Opération Jules Verne (Escape Game)
by Gilles Saint-Martin

지니어스 대탈출 게임
쥘 베른의 숨겨진 설계도
© 질 생 마르탱, 2026

1판 1쇄 펴낸날 2026년 4월 17일

지은이 질 생 마르탱 **옮긴이** 김영신
총괄 이정욱 **출판팀** 이지선·이정아·이지수 **디자인** Design E.T.
펴낸이 이은영 **펴낸곳** 빨간콩 **등록** 2020년 7월 9일(제25100-2020-000042호)
주소 서울시 노원구 동일로242길 87 2F **전화** 02-933-8050 **팩스** 02-933-8052
전자우편 reddot2019@naver.com **블로그** blog.naver.com/reddot2019
인스타그램 @redbean_book
ISBN 979-11-91864-64-9 03690

쥘 베른의 숨겨진 설계도

천재 작가 쥘 베른을 둘러싼
거대한 음모를 밝혀라!

질 생 마르탱 지음 · 김영신 옮김

차 례

이 책의 활용법

세상은 빠르게 변하고 있습니다. 기술은 눈에 띄게 발전했고, 우리의 일상은 그 속도를 따라 바뀌고 있습니다. 사람들은 더 짧은 시간에 더 먼 곳으로 이동하고, 국가 간의 경계는 점점 흐려지고 있습니다. 하루 만에 다른 나라에 닿는 일도 이제는 특별한 일이 아닙니다.

한때는 상상에 불과했던 일들이 현실이 되었고, 인간의 지식은 그것을 가능하게 만들었습니다. 그리고 때로는, 그 현실이 오히려 이야기처럼 낯설게 느껴지기도 합니다.

이 책을 읽기 전에 필기도구와 종이를 준비해 주십시오. 쥘 베른의 『경이의 여행』으로 안내할 본문을 펼치기 전에, 반드시 프롤로그부터 읽어 주시기 바랍니다.

이 책은 소설처럼 구성되어 있지만, 각 장으로 넘어가기 위해서는 그 장에 제시된 문제를 풀어야 합니다. 모든 문제는 쥘 베른의 작품 속 설정과 단서에서 출발하며, 이야기를 따라가다 보면 자연스럽게 그의 세계를 다시 탐험하게 될 것입니다. 『경이의 여행』 시리즈를 이 책과 함께 읽는다면, 이 책의 내용은 더욱 풍부하게 다가올 것입니다.

기억해야 할 것은 단 하나 – 모든 문제의 답은 '지명(국가·도시·지역)'입니다. 만약 문제 해결이 어렵다면, 사건의 단서와 정답과 해설을 참고하세요.

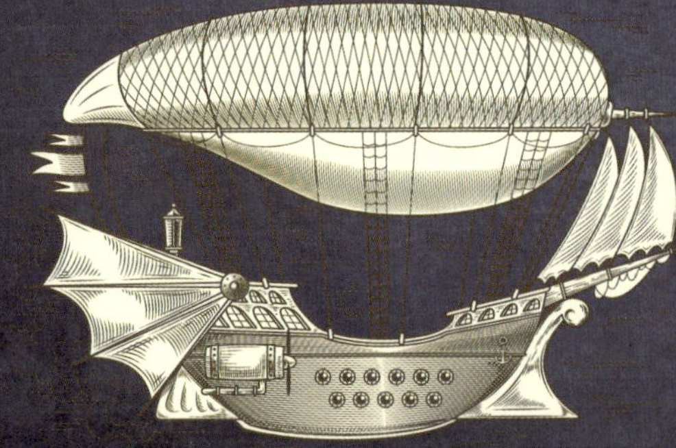

문제의 답을 최종적으로 확인하려면, 180쪽에 있는 '키워드 사전'에 여러분이 생각하는 지명이 있는지 확인하세요. 생각한 지명이 없다면, 잘못 맞춘 것입니다. 다시 한번 생각해 보세요.

생각한 답이 '키워드 사전'에 있다면, 키워드 옆에 있는 상징과 읽고 있는 장의 제목 위에 있는 그림이 같은지 확인하세요. 모든 것이 일치한다면 정답입니다.

- 상징과 그림이 같다면? 다음 장으로 넘어가세요.
- 상징과 그림이 같지 않다면? 다시 생각하거나 182쪽의 사건의 단서나 185쪽의 정답 및 해설을 참고하세요.

행운을 빕니다!

누군가의 상상은 언젠가 다른 사람에 의해 현실이 된다.
Someone's imagination will one day become someone else's reality.

창간 3주년 No.745　　　　　파리와 그 외 지역 : 10상팀　　　　　1886년 3월10일 수요일 발행

Le Matin

DERNIERS TÉLÉGRAMMES DE LA NUIT

RÉDACTION : De 5 h. du soir à 6 h. du matin
25, RUE D'ARGENTEUIL

ADMINISTRATION : De 10 h. matin à 6 h. soir
25, RUE D'ARGENTEUIL

전신으로 받아보는 전 세계 최신 뉴스 - 프랑스 유일의 특별한 신문

한 미치광이의 소행

쥘 베른 암살 시도

아미앵 총격 · 살인 용의자 · 소설가 부상 · 용의자 체포
(특별판)

3월 10일 아미앵. 어제, 저명한 소설가 쥘 베른에게 총격을 가한 인물은 파리 대학에 재학 중인 그의 조카 가스통 베른으로 밝혀졌다. 가스통 베른은 사건 직후 곧바로 체포되었다. 사람들에 따르면, 25세의 가스통 베른은 오래전부터 강박 증세를 앓아온 것으로 전해진다.

총격으로 왼쪽 발에 상처를 입은 쥘 베른은 현재 르노엘 및 프로망 두 의사의 치료를 받고 있다. 범인이 사용한 총기는 7밀리 구경 리볼버로 확인되었다. 발사된 탄환은 『경이의 여행』의 작가 쥘 베른의 경골을 스치며 앵글 부츠와 양말을 관통한 뒤 발에 깊숙이 박혔다. 의료진은 그의 회복을 위해 각별한 주의를 기울이고 있다. 작가는 그토록 사랑하던 조카가 이러한 범행을 저질렀다는 사실에 깊은 충격을 받은 것으로 알려졌다. 저녁 내내 수많은 시민이 작가의 안부를 묻기 위해 병원으로 몰려들었다.

범행의 경위

범행과 관련해 입수된 내용은 다음과 같다. 오후 5시경, 쥘 베른은 유니언 클럽을 나와 샤를르 뒤브와 2번지 자택으로 돌아오는 길이었다. 대문에 열쇠를 꽂는 순간, 몇 발짝 떨어진 곳에 서 있던 젊은 남성이 자신을 향해 총을 겨누는 것을 보았고, 곧 두 발의 총성이 울렸다. 한 발은 대문 옆 돌을 맞고 튕겨 나갔고, 다른 한 발은 쥘 베른의 왼발에 박혔다.

총성을 들은 하인이 즉시 달려 나와 주인을 도왔다. 뜻밖의 공격에도 쥘 베른은 냉정을 잃지 않고 범인에게 달려가 무기를 빼앗았다. 범인은 아무런 저항을 하지 않았다. 그리고 그가 자신의 조카 가스통 베른임을 알게 된 순간, 작가는 큰 충격에 빠졌다. 명석한 두뇌로 대학에서 뛰어난 성적을 거두어온 가스통 베른은 수개월 전 정신질환 진단을 받았으며, '피해망상'에 사로잡혀 여러 범죄 계획을 세워왔다는 소문도 있다.

수사 진행

사건 직후 쥘 베른은 피의자인 조카를 데리고 자택으로 들어갔으며, 제4구 경찰서의 그레그와르 서장이 현장을 방문해 조사를 진행하였다. 그러나 넋이 나간 듯한 피의자로부터는 범행에 관한 명확한 진술을 얻지 못한 것으로 전해진다. 경찰은 가스통 베른이 아미앵에 이르기까지의 이동 경로와 행적을 자세히 파악하였다. 그는 가족과 함께 거주하던 블루아를 떠나 어제 오후 3시경 아미앵에 도착하였으며, 도착 직후 곧장 삼촌의 집이 있는 거리로 향하였다고 한다. 인근 주민들에 따르면 그는 약 두 시간 동안 자택 주변을 이리저리 배회하며 초조한 기색으로 삼촌의 귀가를 기다렸다고 증언하였다. 범행의 동기에 관해 어떠한 합리적 설명도 듣지 못한 경찰은 가스통 베른을 병원에 수용 조치하였으며, 사건의 전모를 밝히기 위한 수사는 현재도 계속되고 있다.

프롤로그 : 1886년 3월 11일, 아미앵

　나는 아침 신문을 읽고 커다란 충격에 휩싸였다. 머릿속이 하얘졌다. 가방을 짐칸에 대충 올려놓고, 눈에 띄는 빈자리에 털썩 주저앉았다. 손끝이 떨리고, 귀가 멍했다. 얼마나 놀랐던지 아직도 정신이 몽롱하고 어질어질했다.

　쥘 베른. 그처럼 위대한 작가를 누가, 왜 해치려 한 걸까? 그의 상상력은 해마다 더욱 풍부해져 아무도 따라잡을 수 없었다. 그의 놀라운 상상력이 활자로 바뀌어 책으로 세상에 나오면, 독자들은 남녀노소를 불문하고 그의 세계 속으로 빠져들었다. 국경과 언어를 초월하는 그의 소설은 시간이 흐를수록 더 많은 독자의 관심과 사랑을 받고 있다.

　그렇기에 이번 사건은 단순한 공격으로 보이지 않았다. 형사로서의 직감이 나를 붙잡았다. 정신질환을 앓고 있던 조카의 우발적인 범행이라는 설명만으로는 어딘가 석연치 않았다. 사건에는 설명되지 않는 틈이 있었다. 어처구니없는 실수일까, 가슴 아픈 가족 간의 비극일까? 신문 기사만으로는 사건의 실체를 파악하기 어려웠다. 나는 가방을 꾸려 아미앵으로 향하기로 했다. 그곳에 가면 무언가 새로운 단서가 드러날 것이다.

　가장 먼저 할 일은 사건 현장을 둘러보는 것이다. 나는 신문을 접어 외투 안주머니에 넣었다. 다른 주머니에는 늘 지니고 다니는 권총 한 자루와 사건 관련 서류들이 들어 있었다.

　기차는 출발을 알리는 듯 천천히 흔들렸다. 커다란 유리창 너머로, 증기로 자욱한 플랫폼이 뿌옇게 일렁였다. 바람이 매서웠다. 쌀쌀한 날씨에 두툼한 외투를 챙긴 게 다행이었다.

나는 기차에 오르기 전에 신문 한 부를 샀다. 사건이 너무 이상했다. 어젯밤까지는 단순한 총격 사건으로만 알려졌지만, 오늘 산 신문에는 조금 더 구체적인 내용이 실려 있었다. 그러나 신문을 전부 훑어보아도 여전히 의문투성이였다. 하지만 곧 만나게 될 인물을 떠올리자, 나도 모르게 입가에 미소가 번졌다.

한 미치광이의 소행

(현지 취재원)

3월 9일, 아미앵

오늘 저녁 5시, 한 미치광이가 쥘 베른에게 권총 두 발을 쐈다. 쥘 베른은 발에 부상을 입었지만, 전혀 심각하지 않다.

새벽에 파리 북역을 출발한 기차는 생 드니, 퐁투아즈, 크레일을 지나 아미앵에 도착했다.

기차 좌석은 무척 편안했다. 그러나 그
안락함과는 달리, 아미앵으로 향하는 내내
마음은 좀처럼 편해지지 않았다. 어찌 된 일인지,
1870년 9월 1일 스당에서 겪은 일이 머릿속을 떠
나지 않았다. 나는 스당 전투(프랑스-프로이센 전쟁
에서 프로이센군이 스당 요새에서 프랑스군을 격파한
전투. 이로 인해 프랑스 황제 나폴레옹 3세가 포로로 붙
잡히고 프랑스 제2제정이 몰락하였다 - 옮긴이 주)에서
다리에 총상을 입었다. 전투에 참여한 이상 부상은
피할 수 없는 일이었다. 그러나 나를 쏜 것은 프로이
센군이 아니라 아군이었다. 처음에는 그럴 수도 있
다고 자신을 설득했다. 하지만 시간이 흐를수록 설명
할 수 없는 배신감이 마음 깊은 곳에서 고개를 들기
시작했다. 활활 타오르던 나의 애국심은 부상의 트라
우마와 함께 서서히 식어 갔고, 전쟁보다는 평화라는
가치로 점차 기울어 갔다.

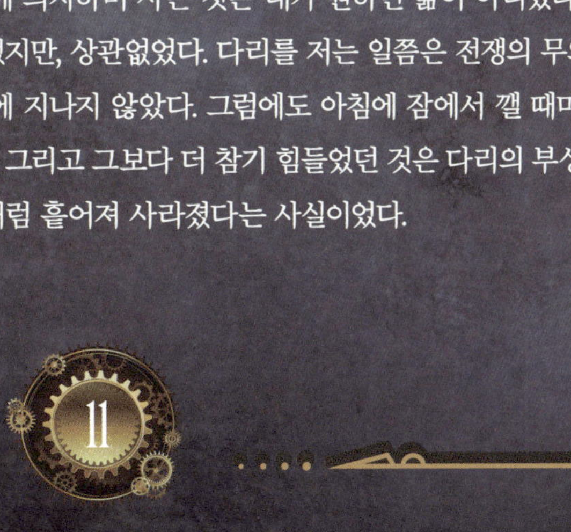

전투가 끝난 뒤 일상으로 돌아온 나는, 능동적이고
활동적이며 더불어 사는 삶을 위해 피나는 노력을 기
울였다. 성실하고 부지런한 태도로 직장에서도 인정받
아, 사무실에 앉아 주어진 일만 하며 편하게 지낼 수 있
게 되었다. 그러나 남들의 도움과 배려에 의지하며 사는 것은 내가 원하던 삶이 아니었다. 총상
후유증으로 한쪽 다리를 절뚝이게 되었지만, 상관없었다. 다리를 저는 일쯤은 전쟁의 무의미함
을 깨달은 대가에 비하면 사소한 비용에 지나지 않았다. 그럼에도 아침에 잠에서 깰 때마다 되
살아나는 통증만큼은 견디기 어려웠다. 그리고 그보다 더 참기 힘들었던 것은 다리의 부상과 함
께 한때 나의 충만했던 모험심이 연기처럼 흩어져 사라졌다는 사실이었다.

전쟁에서 얻은 값진 교훈을 바탕으로 나는 '안녕과 평화'라는 신념에 걸맞은 일을 찾았다. 경찰이었다. 나는 피해를 당한 사람들을 떠올리며 나의 모든 능력과 에너지를 그 일에 쏟아부었다.

논리적인 사고로 사건을 해결하는 일이 잦아지자, 동료들 또한 나의 업무 능력을 인정해 주었다. 심심할 틈도 없이, 늘 놀라운 사건들의 연속이었다. 하지만 같은 일을 너무 오래 반복하다 보니 점차 단조롭게 느껴지기 시작했다. 사무실에 앉아 현장에서 수집한 증거를 확인하고 검증한 뒤 서류에 서명하는 일이, 어느 순간 피곤하고 지루하며 우울하게 다가왔다. 그나마 최근 들어 사라졌던 모험심이 조금씩 되살아나면서 '언젠가'라는 희망이 생겼다. '언젠가' 세계를 여행하리라는 은밀한 희망 덕분에 단조로운 삶을 견딜 수 있었다.

내가 '세계 일주'의 꿈을 품게 된 것은 어린 시절 읽은 쥘 베른의 책 때문이었다. 『경이의 여행』 시리즈의 첫 권인 《기구를 타고 5주간》을 읽고 난 뒤, 나는 일상에서 벗어나 환상의 세계를 갈망하기 시작했다.

그 후 나는 한 번도 직접 만난 적 없는 쥘 베른을 마음속 멘토로 삼아 깊이 존경하게 되었다. 전쟁 중 입은 부상의 후유증으로 때때로 찾아오는 불안 또한, 그의 소설을 읽으며 조금씩 이겨낼 수 있었다.

그런 내가 신문에서 쥘 베른에 관한 기사를 보았으니, 피가 거꾸로 솟는 건 당연했다. 사건은 허점투성이로 보였다. 가만히 앉아 사건이 해결되기를 기다릴 수는 없었다.

　　나는 곧장 내가 근무하는 경찰서로 가 건강이 좋지 않아 장기 휴가가 필요하다
는 핑계를 대며 휴직계를 제출했다. 그리고 바로 집으로 달려가 가방을 챙긴 뒤 마차
를 타고 북역으로 향해 기차에 올라탄 것이다.

　　새벽 기차를 타고 몇 시간이 흐른 뒤, 마침내 아미앵에 도착했다. 나는 역사 앞에서 손님을
기다리던 마차 한 대에 올라 병원으로 가 달라고 말했다. 경찰 신분증은 어디서나 효과가 있었
다. 그 덕분에 곧장 쥘 베른이 입원해 있는 병실로 안내받을 수 있었다. 문을 두드리기 전, 나는
길게 심호흡했다. 쥘 베른을 직접 보는 것은 처음이었다. 다시 한번 숨을 깊이 들이마신 뒤 노크
하고 병실로 들어갔다.

　　쥘 베른은 인기척도 느끼지 못한 채 잠들어 있었다. 총격을 받은 왼발에는 붕대가 단단히
감겨 있었다. 잠시 후 그가 잠에서 깨어 나를 바라보았다. 그러고는 놀란 기색을 감추지 못했다.

　　"당신은 누구요? 총상을 입은 작가를 직접 눈으로 확인하러 온 겁니까?"

　　"아닙니다, 절대 그렇지 않습니다. 저는 경찰입니다. 선생님의 사건을 조사하기 위해 파리에
서 왔습니다."

　　나는 그의 날카로운 질문에 몹시 당황했지만, 사실대로 답했다.

　　"경찰이라고! 이 사건은 이미 지역 경찰이 수사를 마쳤소. 내 조카가 미쳐 저지른 일로 종결
되었소. 그걸로 충분하오. 더 이상의 수사는 필요 없으니, 나를 조용히 내버려두시오."

나는 쥘 베른의 반응에 놀랐다. 동시에 그의 반응이 궁금해졌다. 본능적으로, 그가 무언가를 감추고 있다는 느낌이 들었다.

나는 작가의 방어적인 태도를 누그러뜨리기 위해 왜 이 사건에 관심을 두게 되었는지 차분히 설명하며, 슬며시 한 걸음 앞으로 움직였다. 일부러 나의 절뚝거리는 다리가 드러나도록 하려는 의도였다.

"선생님과 저는 공통점이 많습니다. 저는 선생님의 열혈 독자입니다. 그리고 선생님처럼 적이 아닌, 광기에 사로잡힌 동료 군인에 의해 부상을 당했습니다. 선생님의 부상이 심각하지 않아 무척 다행입니다. 저는 사지가 불편하다는 것이 얼마나 큰 고통인지 누구보다 잘 알고 있습니다."

나의 다리를 본 그의 눈빛이 잠시 흔들렸다. 분명 마음이 움직인 듯했다. 쥘 베른은 인상을 찌푸리며 천천히 몸을 일으켰다.

"의사들이 총알을 제거하는 데 실패했소. 평생 짊어지고 가야 할 멍에처럼, 죽을 때까지 나의 왼발에 박혀 있을 것이오."

쥘 베른이 낮은 목소리로 말했다.

"너무 괴로워하지 마십시오, 선생님."

"고맙소. 설마 그 말을 하려고 파리에서 여기까지 온 것은 아니겠지요?"

"아닙니다. 저는 실제로 무슨 일이 벌어졌는지 알고 싶습니다. 정신질환을 앓는 선생님의 조카가 아무런 이유 없이 범행을 저질렀다고는 생각하지 않습니다. 이 범죄의 이면에 다른 무엇인가가 있다고 확신합니다."

쥘 베른은 턱수염을 만지작거렸다. 한동안 반쯤 눈을 감은 채 생각에 잠겨 있던 쥘 베른이 마침내 입을 열었다.

"나도 그렇게 생각하오. 조카가 나를 해치려 했다는 건 도저히 믿기지 않소. 그러나 그렇게 해두는 편이 나을지도 모르오. 모두를 위해서 말이오. 사실이 밝혀진다 한들 달라질 것은 없소. 나는 그저 잊고 싶소."

"선생님의 마음은 충분히 이해합니다. 그러나 잊는 것이 능사가 아닐 때도 있습니다. 오히려 상황을 더 악화시킬 수도 있습니다. 저를 믿어주십시오. 제 말의 뜻을 선생님께서는 아실 것입니다."

"원하는 것이 무엇이오?"

"선생님을 돕고 싶습니다. 선생님께서 평생 후회와 괴로움 속에 머물지 않기를 바랍니다. 지금처럼 여행과 모험이 가득한 이야기를 계속 써 나가시길 바랍니다. 요컨대, 선생님의 조카가 왜 그와 같은 끔찍한 범죄를 저질렀는지 밝혀내고 싶습니다. 저는 무엇이든 할 준비가 되어 있습니다."

쥘 베른은 다시 깊은 생각에 잠겼다. 비밀을 털어놓고 싶은 욕망과 침묵을 지켜야 한다는 의무감 사이에서 갈등하는 듯 보였다.

그때 갑자기 병실 문이 열렸다. 양복을 차려입은 한 남자가 성큼성큼 걸어 들어와 쥘 베른에게 다가갔다.

"이보게, 쥘. 병원에 다녀오는 길일세."

남자가 말했다.

"무슨 소식이라도 있소?"

쥘 베른이 물었다.

"새로운 소식은 없네. 가스통은 아직도 입을 굳게 다문 채일세. 그가 입을 열 때까지 기다리는 수밖에 없네."

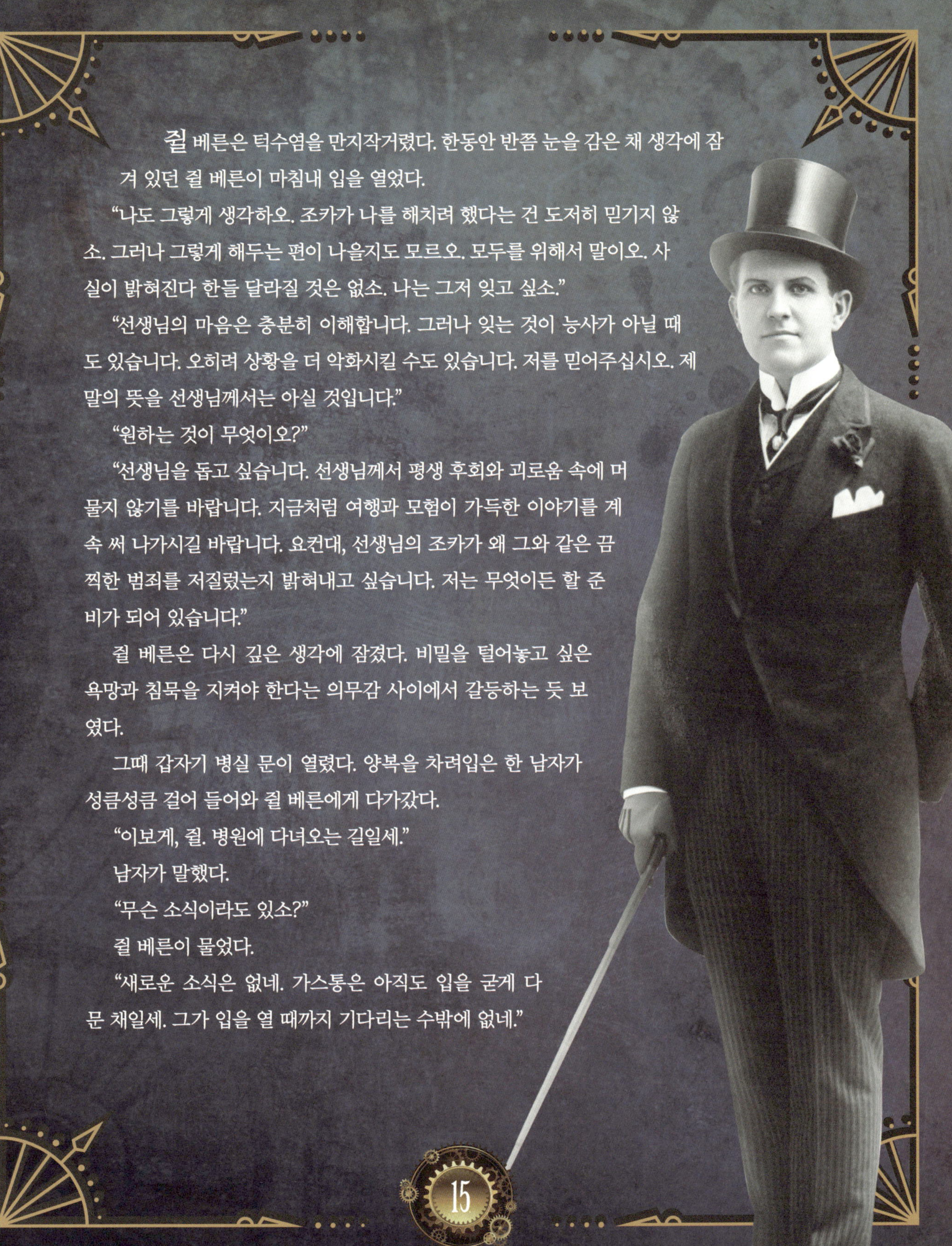

그때 남자가 나를 의식한 듯, 내 쪽을 보며 의아한 표정으로 물었다.

"누구시죠?"

"집에 가서 몇 가지 일 처리를 하기 위해 내가 와달라고 부탁한 경찰이오. 막 집으로 가려던 참이었소."

내가 입을 열기도 전에, 쥘 베른이 말을 가로챘다. 나는 그의 뜻밖의 대답에 적잖이 당황했다. 그러나 지금은 그의 말에 맞장구를 쳐야 할 것만 같았다.

"네, 그렇습니다. 저는 이만 물러가겠습니다."

병실을 나서려는 순간, 쥘 베른이 나를 불러 세웠다.

"열쇠를 잊지 마시오! 경찰이 내 서재 문을 부수고 들어간다면 참으로 우스꽝스러운 일이 될 테니."

쥘 베른의 농담에 방문객이 웃음을 터뜨렸다. 쥘 베른도 따라 웃으며 침대 머리맡에 두었던 열쇠를 내밀었다. 나는 열쇠를 받았다. 그 순간, 쥘 베른이 나를 뚫어지게 바라보았다.

"경이의 여행은 뒤에 감추어진 것을 아는 자에게만 진실을 드러낼 것이오. 시간에 연연하지 마시오. 자, 이것이 서재의 열쇠요. 신중히 움직이고, 어떠한 장애에도 멈추지 마시오. 내 심장이 그대에게 할 일을 일러줄 것이오. 당신은 영리한 사람이오. 나는 당신을 믿소. 머지않아 다시 만나기를 바라오."

나는 예상치 못한 그의 말에 순간 숨이 멎는 듯했다. 본능적으로 그 말 속에 어떤 복선이 숨어 있음을 느꼈다. 나는 쥘 베른과 방문객에게 가볍게 목례를 한 뒤 병실을 나섰다. 머릿속에는 수많은 질문이 떠올랐다.

쥘 베른의 집

1886년 3월 11일, 프랑스 아미앵 샤를 뒤부아 거리

나는 범죄 사건으로 쥘 베른을 만나게 될 것이라고는 상상도 하지 못했다. 기사를 읽을 때부터 가스통 베른의 범행이 단순한 광기의 결과로는 보이지 않았다. 그리고 그 예감은 틀리지 않았다. 쥘 베른과 직접 만난 뒤, 그의 조카가 저지른 사건이 우발적인 범행이 아니라는 확신이 들었다. 그 이면에는 쥘 베른이 스스로 밝힐 수 없는 어떤 비밀이 숨어 있었다.

그럼에도 그는 나를 신뢰할 수 있는 인물로 판단한 듯, 서재의 열쇠를 건네며 나를 이 사건 속으로 끌어들였다. 그는 무엇을 숨기고 있는 걸까. 나는 그 질문을 곱씹으며 그의 집으로 향했다.

집 앞에 도착했을 때, 건물의 모습이 한눈에 들어왔다. 탑이 눈에 띄는 2층 구조의 붉은 벽돌집이었다. 밝은색의 석재로 장식된 창틀과 처마가 어우러져 주변 거리에서도 유난히 도드라져 보였다.

이 집은 독특한 개성과 단정한 품격을 동시에 갖추고 있어, 쥘 베른과 같은 작가에게 더없이 잘 어울리는 거처였다. 나는 마차에서 내리자마자 대문 옆 돌벽에 남은 총알 자국을 발견했다. 가스통이 쏜 두 번째 탄환이 남긴 흔적임이 분명했다. 나는 그 자국을 한참 바라보며, 이 안에서 어떤 일이 기다리고 있을지 생각했다.

초인종을 누르자, 잠시 후 육중한 문이 열리며 한 남자가 모습을 드러냈다. 아마도 이 집의 하인일 것이다. 내가 경찰 신분증을 내보이고 쥘 베른의 부탁을 받고 왔다고 설명하자, 그는 정중하게 나를 안으로 들였다.

"집에는 아무도 계시지 않습니다. 오노린 부인과 아이들은 오늘 외출하셨습니다. 이 사건 이후로 가족분들의 삶이 많이 달라졌습니다… 사실 제 삶도 마찬가지입니다."

정원으로 이어지는 안마당을 가로지르며 그가 말했다. 나는 그의 말에 공감한다는 뜻으로 고개를 끄덕였다. 우리는 탑의 나선형 계단을 따라 올라갔고, 2층에 도착하자 그는 한쪽 문을 가리켰다.

"여기가 쥘 베른 씨의 서재입니다. 더 필요하신 것이 없다면 저는 이만 물러가겠습니다. 다만, 어지럽히지만 말아 주십시오."

나는 집사에게 감사의 인사를 전하고 서재 문 앞으로 다가섰다. 문은 잠겨 있었다. 주머니에서 쥘 베른이 건넨 열쇠를 꺼내 조심스럽게 자물쇠에 넣었다. 문은 생각보다 쉽게 열렸다.

안으로 들어서자, 벽에는 이국적인 풍경화 몇 점이 걸려 있었고 바닥에는 꽃무늬 양탄자가 깔려 있었다. 책상과 의자는 리본으로 묶인 커튼이 드리운 창을 마주 보고 있었으며, 한쪽에는 양탄자와 어울리는 천으로 덮인 작은 철제 침대가 놓여 있었다. 그 단출한 가구들이 이 서재의 전부였다.

이 소박한 공간은 작가의 상상력이 응축된 그의 소설과는 사뭇 다른 분위기를 풍기고 있었다. 그러나 이상하게도 이곳은 편안하고 안정된 느낌을 주었다. 오히려 그 절제된 공간이 더 넓은 세계를 떠올리게 하는 듯했다. 존경하는 작가의 서재에 들어섰다는 사실에 가슴이 잠시 먹먹해졌다. 나는 마음을 가다듬고 책상으로 다가갔다. 책상 위에는 여러 권의 과학 잡지와 서적이 가지런히 쌓여 있었다.

그때 구불구불한 궤적이 그려진 세계 지도 하나가 눈에 들어왔다. 나는 그것이 무엇을 의미하는지 곧바로 알아보았다. 쥘 베른이 소설 속에서 그려낸 『경이의 여행』 경로가 담긴 지도였다.

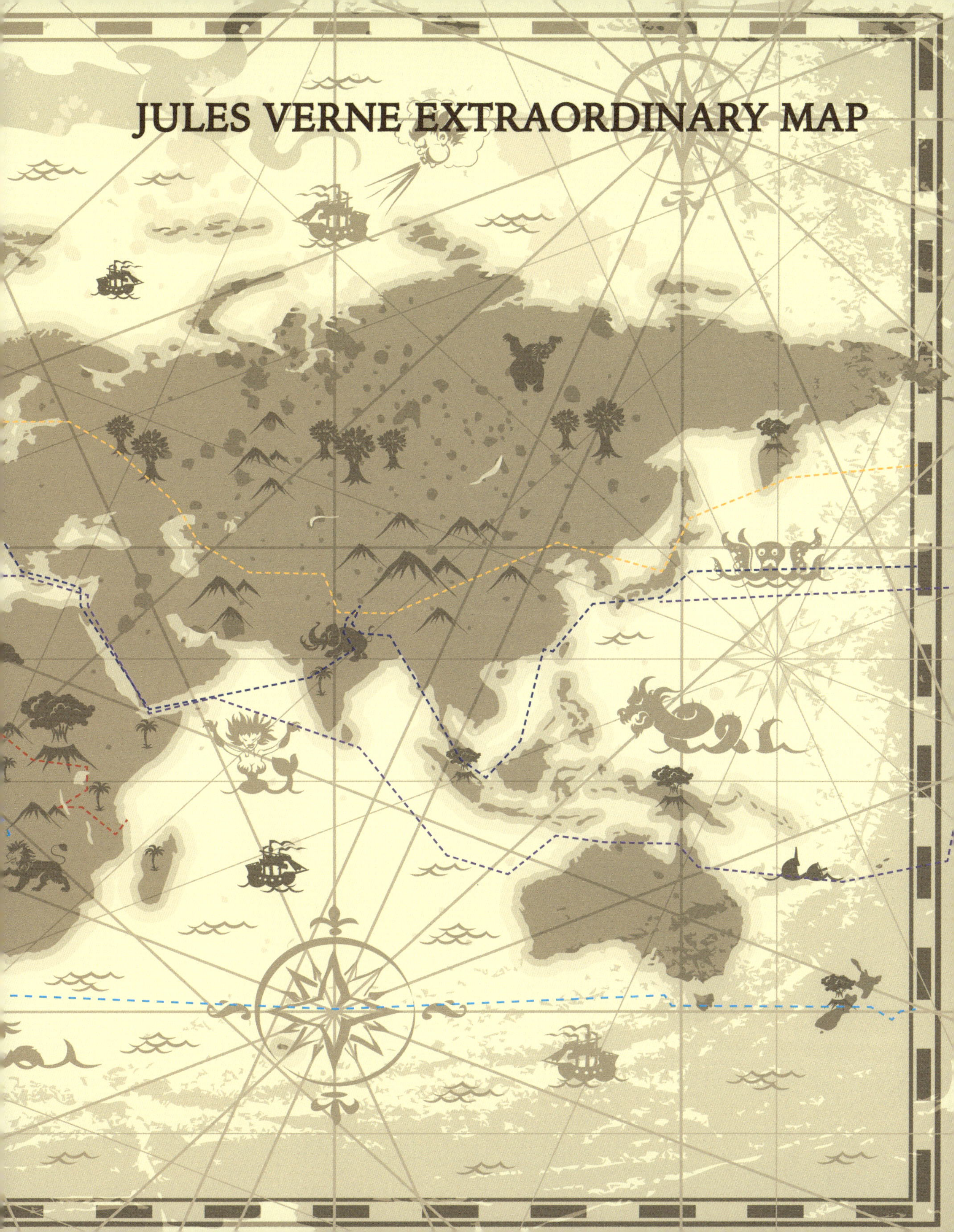

JULES VERNE EXTRAORDINARY MAP

나는 호기심과 동경이 뒤섞인 눈으로 지도를 바라보았다. 『경이의 여행』 시리즈의 주인공들이 지나온 길이 점선으로 표시되어 있었다. 그 궤적을 따라가자, 책을 읽으며 느꼈던 떨림과 흥분, 여행에 대한 설렘과 모험에 대한 동경이 생생하게 되살아났다.

나는 서재를 천천히 둘러보며, 좋아하는 작가의 일상을 더듬듯 살폈다. 그러던 중 가죽으로 장정이 된 작은 공책 하나가 눈에 들어왔다. 가장자리가 닳아 있는 것으로 보아, 쥘 베른이 자주 펼쳐보던 물건임이 분명했다.

나는 조심스럽게 공책을 넘겼다. 페이지마다 주석과 도식, 그림과 계산이 빼곡하게 적혀 있었다. 최근에 읽은 그의 책에서 보았던 내용들이 떠올랐다. 마지막 장에 이르자, 글귀와 함께 알파벳 아래에 숫자가 적혀 있는 부분이 눈에 띄었다.

하지만 뜻을 짐작할 수 없었다. 쥘 베른의 필체가 분명한데도, 그 의미는 도무지 읽히지 않았다. 나는 최근에 읽은 그의 작품들을 떠올려 보았지만, 어디에도 '악마'라는 단어는 등장하지 않았다. 무엇보다 그 말은 쥘 베른과 어울리지 않았다. 상상력은 풍부했지만, 그는 철저히 논리적이고 이성적인 사람이었다. '악마'라는 단어는 오히려 불안, 편집증, 망상 같은 것을 떠올리게 했다. 나는 설명할 수 없는 불편함을 느끼며 다시 한번 공책을 들여다봤다.

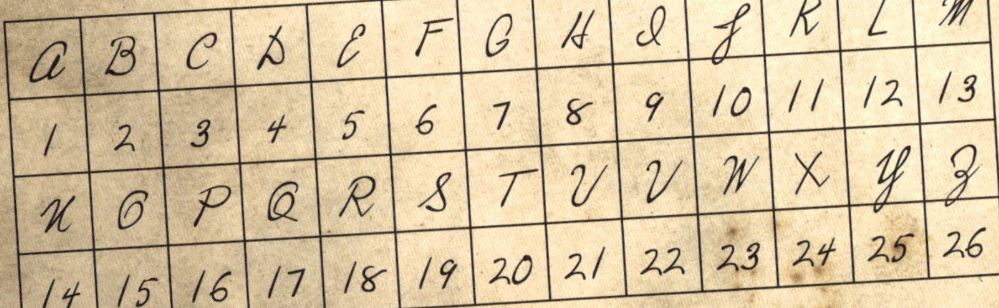

A	B	C	D	E	F	G	H	I	J	K	L	M
1	2	3	4	5	6	7	8	9	10	11	12	13
N	O	P	Q	R	S	T	U	V	W	X	Y	Z
14	15	16	17	18	19	20	21	22	23	24	25	26

나는 공책에 적힌 내용을 설명해 줄 만한 단서를 찾기 위해, 책상 위에 놓인 물건들을 샅샅이 살폈다. 그러나 불행히도 책상 위의 물건들은 지극히 일상적인 것들이었다. 고급스럽기는 했지만, 서재라면 어디에나 있을 법한 물건들뿐이었다.

그때 철제 침대 머리맡에 놓인 마호가니 상자가 눈길을 끌었다. 심장 모양의 상자였다. 그 순간, 병실을 나설 때 쥘 베른이 했던 말이 떠올랐다.

'시간에 연연하지 마시오. 자, 이것이 서재의 열쇠요. 신중히 움직이고 어떠한 장애에도 멈추지 마시오. 내 심장이 그대에게 할 일을 일러줄 것이오.'

나는 상자를 열었다. 그 안에는 엄청난 현금이 들어 있었다. 내가 수십 년을 근무해야 겨우 만져볼 수 있을 만큼 거액이었다. 순간 마음이 흔들렸으나, 이내 뚜껑을 조용히 닫았다.

그때, 쥘 베른이 남긴 또 하나의 수수께끼 같은 말이 떠올랐다.

"경이의 여행은 뒤에 감추어진 것을 아는 자에게만 진실을 드러낼 것이오."

나는 지도를 바라보며 미묘한 미소를 지었다. 그리고 조심스럽게 지도를 들어 올렸다. 지도 뒷면에는 일련의 숫자들이 적혀 있었다.

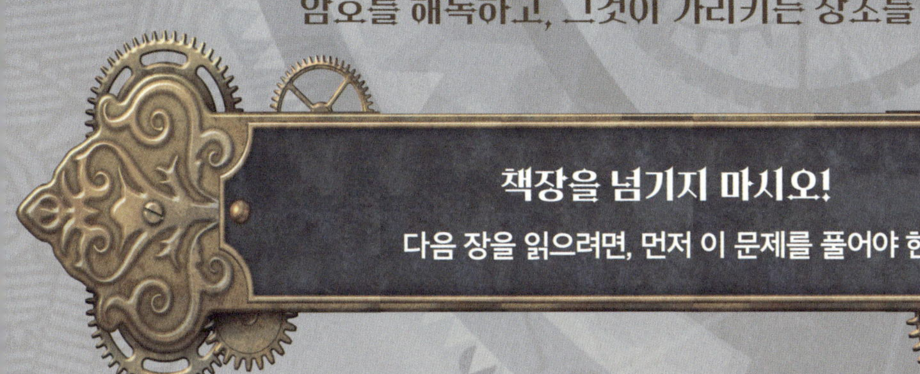

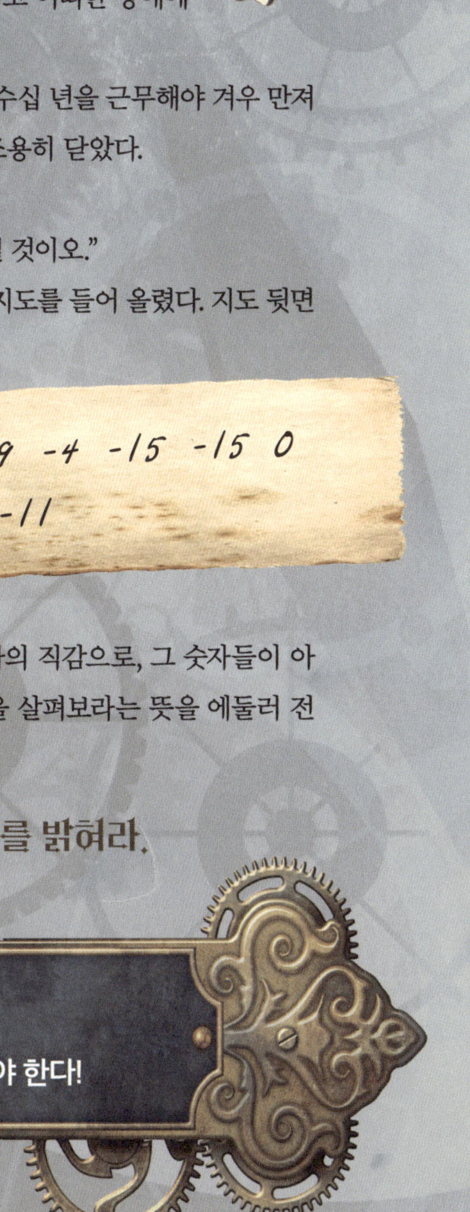

숫자들 사이에는 어떤 규칙이 보이지 않았다. 무슨 의미일까. 형사의 직감으로, 그 숫자들이 아주 중요한 암호라는 것을 알았을 뿐이다. 쥘 베른은 분명 지도 뒷면을 살펴보라는 뜻을 에둘러 전했다. 그는 그 정보를 단서로 삼아 내가 암호를 풀기를 바라고 있다.

암호를 해독하고, 그것이 가리키는 장소를 밝혀라.

책장을 넘기지 마시오!
다음 장을 읽으려면, 먼저 이 문제를 풀어야 한다!

마침내 암호를 풀었다. 해독한 내용은 분명했다. 쥘 베른에게는 감추고 싶은 비밀이 있었고, 그는 그 비밀을 에첼과 공유했으며, 에첼은 그것을 몬테카를로에 감추어 두었다.

쥘 베른이 에첼에게 비밀을 맡겼다는 사실은 그리 놀라운 일이 아니었다. P. J. 에첼은 쥘 베른과 떼려야 뗄 수 없는 인물이다. 1863년 쥘 베른의 『경이의 여행』 시리즈 첫 권인 《기구를 타고 5주간》이 출간된 이후, 그의 작품은 줄곧 에첼 출판사를 통해 세상에 나왔다.

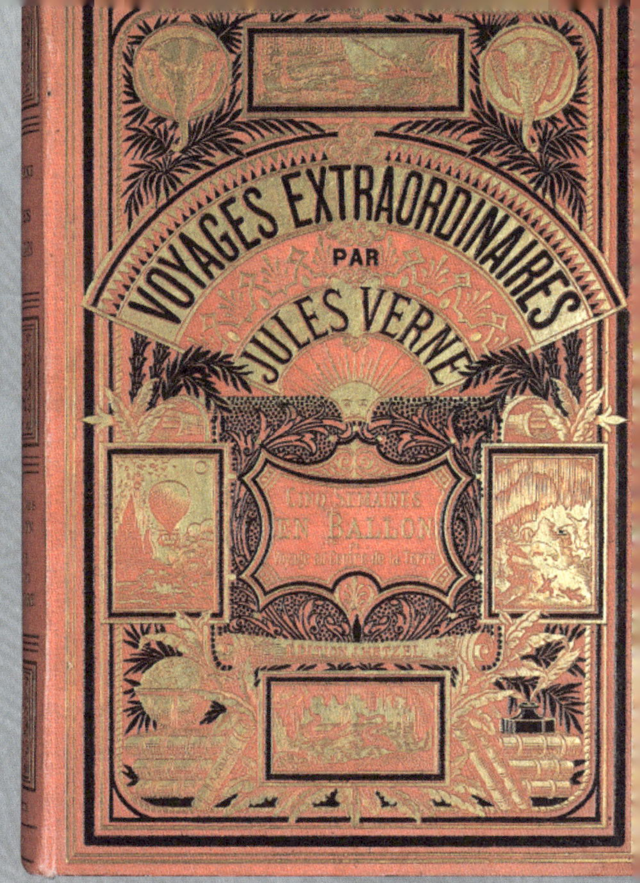

나는 20년도 훨씬 전, 처음 《기구를 타고 5주간》을 읽었을 때 느꼈던 충격과 놀라움, 흥분과 기쁨을 지금도 또렷이 기억하고 있다. 당시 질풍노도의 시기를 지나던 나는 고집스럽게 싸움을 일삼던 불량 학생이었다. 그러나 그 책을 읽으며 독서의 즐거움을 알게 되었고, 세상에 대한 관심과 호기심이 자라면서 전혀 다른 사람이 되었다. 그 책을 계기로 나는 쥘 베른의 열렬한 독자가 되었다. 청소년 시절을 떠올리며, 나는 쥘 베른의 피격 사건이 내 안에 잠들어 있던 활기를 다시 일깨우고 있음을 깨달았다.

사건을 해결하려면 몬테카를로로 가야 한다. 나는 쥘 베른이 경제적인 도움을 주려 했다고 확신하며, 심장 모양 상자에 담긴 돈을 모두 챙겼다. 심장이 거세게 뛰었다. 이상하리만큼 행복했다. 마치 오래도록 고대해 온 위대한 모험이 이제 막 시작되려는 것만 같았다.

침묵의 동반자

해 질 무렵, 나는 모나코에 도착했다. 니스에서 마차를 타고 모나코까지 오는 마지막 구간은 절대 쉽지 않았다. 3일 전, 몬테카를로와 카베-로크브륀느를 잇는 철로에서 두 기차가 정면으로 충돌하는 참사가 발생해 끔찍한 피해가 뒤따랐기 때문이다. 신문 기사에 따르면, 엄청난 굉음과 함께 충돌한 객차 여러 대가 수십 미터 아래 바닷가로 추락했다고 한다. 그 여파로 철도 운행이 지연되었고, 나는 어쩔 수 없이 일부 구간을 마차에 의존해야 했다.

나는 마부에게 피에르 쥘 에첼의 겨울 별장인 빌라 오귀스트로 가 달라고 말했다.

마차를 타고 가는 동안, 나는 잠시나마 바닷가에 펼쳐진 아름다운 풍경을 감상했다. 해안가를 따라 길게 늘어선 야자수 사이로 화려한 저택들이 모습을 드러냈다. 어둡고 답답한 사무실에 익숙한 파리 경찰의 눈에는 그 모든 것이 경이로운 광경이었다.

에첼의 빌라에 도착한 나는 집사에게 경찰 신분증을 제시했다. 집사는 잠시 망설이는 기색을 보였으나, 곧 나를 집 안으로 안내했다.

"에첼 씨의 건강이 아주 좋지 않습니다. 병세로 쉽게 피로를 느끼시니, 될 수 있는 대로 짧게 끝내주시기 바랍니다."

나는 집사를 따라 에첼의 방으로 들어갔다. 그는 침대에 누워 있었다. 그의 건강이 심상치 않다는 것은 한눈에 알 수 있었다. 덥수룩한 수염과 헝클어진 백발, 초췌한 얼굴에서는 몇 해 전 레지옹 도뇌르 훈장을 받으며 환하게 웃던 대문호의 모습을 찾아보기 어려웠다.

인기척을 느낀 에첼이 가까이 오라는 듯 손짓을 했다. 나는 침대 곁 의자에 앉아 방문한 이유를 차근차근 설명했다. 쥘 베른과의 만남, 그리고 그의 서재에서 목격한 것들을 하나도 빠짐없이 전했다. 이야기를 듣는 동안 에첼의 두 눈이 서서히 빛을 띠었다. 그리고 그의 입가에 엷은 미소가 번졌다.

"당신이 이 일을 맡아줘서 정말 다행입니다."
에첼의 목소리는 약했지만, 단호했다.

"처음 쥘에게 그 이야기를 들었을 땐, 나도 믿을 수가 없었어요. 하지만 그가 총격을 당했다는 소식을 듣고 나서야 모든 것이 사실임을 깨달았죠. 이유는 알 수 없지만, 쥘은 그자를 '악마'라고 불렀어요."

그는 잠시 숨을 고르고 말을 이었다.

"드디어 그 악마가 본색을 드러내기 시작한 게 분명해요. 정체는 알 수 없지만, 그가 매우 위험한 인물이라는 건 확실합니다. 무슨 일이 있어도 그의 행동을 막아야 합니다."

"악마에 대해 좀 더 자세히 말씀해 주시겠습니까?"

"불행하게도 그럴 수가 없군요. 쥘은 나를 보호하려 했어요. 자신이 아는 것을 끝내 말하지 않았습니다."

그는 떨리는 손으로 침대 옆의 책상 서랍을 가리켰다.

"그에게서 받은 편지가 하나 있어요. 그걸 당신에게 주겠소. 솔직히 다른 선택의 여지가 없습니다. 내게 남은 시간이… 그리 많지 않습니다."

나는 조심스럽게 서랍을 열었다. 안에는 아무 표식도 없는, 밀봉된 봉투 한 통이 들어 있었다. 에첼은 내가 그 자리에서 봉투를 열어보는 것을 극구 말렸다.

그때 문이 열리고 집사가 들어왔다. 그 뒤로 하얀 가운을 입은 의사와 아들로 보이는 젊은 남자가 따라 들어왔다. 나는 에첼에게 작별 인사를 해야 할 때임을 알았다.

나는 자리에서 일어나 프랑스의 위대한 문학가이자 편집자였던 그에게 정중한 마지막 인사를 올리고 방을 나왔다.

집을 나서자마자 나는 봉투를 꺼내 들었다. 봉투 속에는 단정하고 힘 있는 필체로 적힌 편지 한 통이 들어 있었다. 쥘 베른의 글씨임이 분명했다. 근처 벤치에 앉아 봉투를 조심스레 펼쳤다.

나는 숨을 고르고, 쥘 베른의 편지를 읽기 시작했다.

나는 패배했다.

몇 년 전부터 나를 괴롭혀 온 의심이 오늘, 마침내 사실로 드러났다. 내가 줄곧 '악마'라 부르던 자가 전례 없는 비극을 일으킬 계획을 은밀히 세우고 있다. 그는 내가 소설에서 언급한 장소와 내가 창안한 발명품들에서 영감을 얻어, 전 세계를 공격할 준비를 하고 있다.

신간은 아직 출간 전이다. 그러나 최근 모은 단서들로 미루어, 악마가 지구 어딘가에서 '알바트로스'를 만들고 있음을 확신한다. 이 확신은 단순한 공포가 아니라, The라는 단어 하나처럼 분명한 징후에서 비롯되었다.

내 원고를 읽은 이는 피에르 칠 에첼 한 사람뿐이다. 그는 내가 가장 신뢰하는 동반자이며 결코 나를 배신할 사람이 아니다. 그럼에도 내 머릿속에는 Victoria라는 이름이 떠오른다. 설명할 수 없지만, 그 이름이 모든 것의 시작처럼 느껴진다.

내가 내린 결론은 이렇다. 악마가 자신의 잔인무도한 계획을 위해 기회를 엿보다가 몰래 내 원고를 훔쳤다는 것이다. 나는 이제 인정할 수밖에 없다. 악마의 손길이 is 이미 내 곁에 닿아 있다는 사실을. 그러나 그가 누구인지, 어디에 있는지 나는 아무것도 알지 못한다. 나의 모든 시도는 실패로 돌아갔다. 다만 한 가지는 분명하다. 그 비밀은 어딘가에 hidden 되어 있다. 최근 들어 두려움은 점점 커지고 있다. 지인들이 끔찍한 사고를 당하거나 원인을 알 수 없는 병에 쓰러지고 있다. 내가 그의 존재와 계획을 눈치챘다는 사실을 알고, 나의 시선을 엉뚱한 방향으로 돌리려는 듯하다. 마치 나를 다른 곳, 곧 north 로 향하게 만드는 것처럼 머지않아 그의 계획은 피해자를 낳을 것이다. 나 때문에 가족과 친척, 친구들이 고통을 겪는 일은 결코 받아들일 수 없다. 그런 일이 현실이 된다면 나는 나 자신을 용서하지 못할 것이다. 그러므로 나는 여기에서 멈춘다. 악마의 정체를 밝히려는 시도를 접고, 그와 관련된 모든 것을 비밀로 묻어둔다. 다만 이 기록만을 남긴다. 모든 것은 of 무엇, the 무엇을 따라가다 보면 스스로 모습을 드러낼 것이다. 그 표식은 eponymous 하며, 끝내 도달하는 곳은 이름을 품은 lake 일 것이다.

Jules Verne

나는 그 편지로 쥘 베른이 얼마나 깊은 심적 고통을 겪고 있는지 알 수 있었다. 그는 주위 사람들을 공격하는 자를 '악마'라 확신하고 있었다. 이 정체불명의 악마는 완전범죄를 위해 쥘 베른의 소설을 이용하고 있는 듯했다.

쥘 베른의 작품에 등장하는 기계들은 작가의 풍부한 상상력과 치밀한 과학적 지식이 집약된 결과물이다. 그는 작품을 위해 끊임없이 자료를 수집하고, 뛰어난 과학자와 엔지니어들과 교류하며 지식과 정보를 축적해 왔다. 나는 그와 같은 노력의 결실이 파괴적인 목적에 악용된다는 사실을 도저히 받아들일 수 없었다. 경찰로서, 그리고 한 사람의 열렬한 독자로서 나는 악마를 결코 좌시할 수 없었다. 반드시 그를 체포해 쥘 베른의 명예를 지켜야 했다.

그러나 가장 큰 문제는 쥘 베른이 에첼에게 보낸 편지 외에는 수사에 도움이 될 만한 단서가 전혀 없다는 점이었다. 나는 혹시 숨겨진 단서가 있을지도 모른다는 생각에 다시 한번 편지를 꼼꼼히 읽어 내려갔다. 그러나 눈에 띄는 것은 없었다.

그 순간, 쥘 베른의 서재에 있던 『경이의 여행』 지도가 떠올랐다. 나는 지도 뒷면에 숨겨진 단서를 통해 암호를 풀고 이곳 몬테카를로까지 오지 않았던가.

혹시나 하는 마음에 편지의 뒷면을 뒤집어 보았다. 예상대로, 이해하기 어려운 문구가 적혀 있었다. 온몸에 전율이 흘렀다. 그것은 암호의 방향을 가리키는 문장이 분명했다.

암호를 해독하고,
그것이 가리키는 장소를 밝혀라.

책장을 넘기지 마시오!
다음 장을 읽으려면, 먼저 이 문제를 풀어야 한다!

편지에서 얻은 단서대로라면, 나는 새뮤얼 퍼거슨 박사(지리학자이자 탐험가로 《기구를 타고 5주간》의 주인공 - 옮긴이 주)가 기구를 타고 중앙아프리카의 적도 한복판에서 빠질 뻔했던 그 빅토리아 호수로 향해야 한다.

나도 모르게 가슴이 뛰었다. 그토록 꿈꾸어 온 모험이 마침내 내 앞에 펼쳐지려 하고 있었다.

나는 편지를 주머니에 넣고, 니스로 가기 위해 재빨리 마차를 불러 세웠다. 마침 외무성에 근무하는 친구가 니스에서 휴가를 보내고 있었다. 그 친구라면 지중해 건너편, 아프리카로 향하는 배편에 대해 잘 알고 있을 것이다.

아프리카는 미지의 땅이다. 그곳으로의 여정은 결코 하루이틀로 끝날 수 없을 터였다. 나는 쥘 베른의 말을 떠올리며, 이 길이 옳은 선택임을 스스로에게 되뇌었다. 두려움이 완전히 사라진 것은 아니었지만, 물러설 이유 또한 없었다. 낯선 세계로 향한다는 불안과, 그 끝에 다가설 진실에 대한 기대가 묘하게 뒤섞여 심장을 두드렸다.

"자, 이것이 서재의 열쇠요. 신중히 움직이고, 어떠한 장애에도 멈추지 마시오. 내 심장이 그대에게 할 일을 일러줄 것이오."

아프리카의
심장부

1886년 4월 5일, 중앙아프리카 빅토리아 호수

니스를 떠난 지 어느덧 거의 3주가 다 되어 간다. 니스에서 휴가 중이던 친구 덕분에, 아프리카 여행에 필요한 각종 행정 절차와 서류를 비교적 수월하게 해결할 수 있었다. 내 양복 주머니는 거의 모든 나라를 드나들 수 있을 만큼의 허가서와 증명서로 불룩했다. 번거로운 일들을 대신 처리해 준 친구의 뜻밖의 배려가 고마우면서도, 한편으로는 마음 한구석이 무거웠다.

아프리카로 향하는 준비는 순조롭게, 마치 이미 정해진 길을 따르듯 일사천리로 진행되었다. 그러나 출발일인 3월 17일, 피에르 쥘 에첼의 사망 소식이 전해졌다. 며칠 전 병상에서 마주했던 그의 초췌한 얼굴이 문득 떠오르자, 가슴 깊은 곳부터 저릿한 통증이 번져 왔다.

아직 총상에서 완전히 회복하지 못한 쥘 베른은, 절친한 친구이자 오랜 세월 함께해 온 편집자의 부고를 접하고 얼마나 큰 슬픔에 잠겨 있을까.

　　나는 니스에서 증기 유람선을 타고 지중해를 건너 포트사이드(수에즈 북쪽, 지중해 연안에 있는 이집트 항구 도시 - 옮긴이 주)에서 하선했다. 그곳에서 빅토리아 호수(아프리카 대호수 중 가장 큰 호수로, 세계에서 두 번째로 넓은 담수호. 탄자니아·우간다·케냐에 걸쳐 있다 - 옮긴이 주)로 향하는 영국 해군 함선에 승선했다.

　　1882년, 영국은 수에즈 운하의 경영권을 확보하였다. 지중해와 홍해를 잇는 이 운하의 건설은 유럽과 아시아를 연결하는 교역에 혁신적인 변화를 불러왔다. 운하가 개통되면서 유럽은 인도와 다른 아시아 지역과의 무역을 위해 더 이상 광대한 아프리카 대륙을 우회할 필요가 없어졌다.

　　페르디낭 드 레셉이 설립한 회사는 10년에 걸친 대규모 토목 공사 끝에 1869년 운하를 완공하였다. 지리적 요충지라는 특성상 수에즈 운하는 늘 정치적 긴장 속에 놓여 있었으나, 해상 무역은 오히려 끊임없이 증가하였다.

　　수에즈 운하를 통과한 영국 해군 함선은 '눈물의 문'이라는 뜻을 지닌 바브엘만데브 해협과 아덴만을 거쳐, 예상보다 빠르게 인도양에 도달했다. 함선은 남쪽으로 순항하여 적도를 지나 독립 술탄국 잔지바르 항에 닿았다.

　　이 술탄국은 식민 통치의 이익을 극대화하려는 제국들의 수많은 조치로 혹독한 착취를 겪고 있었다. 그럼에도 그곳에서 조금이나마 이익을 얻으려는 유럽인들의 발길은 끊이지 않았다.

잔지바르는 쥘 베른의 소설 《기구를 타고 5주간》의 주인공 사뮈엘 퍼거슨 박사가 두 동료와 함께 기구 여행을 떠난 출발지이기도 하다. 박사 일행은 인근의 작은 쿰베니섬에서 혁신적인 기구를 타고 아프리카 동서 횡단을 시작하였다. 나는 그 장면을 수없이 상상해 왔고, 그들의 출발을 묘사한 문장을 떠올릴 때마다 가슴이 뛰곤 했다. 이제 내가 바로 그 땅에 서 있다는 사실이 믿기지 않았다.

외무부 고위 관료로 근무하는 그 친구의 도움 덕에, 나는 잔지바르 항에서 영국 군인들과 함께 빅토리아 호수까지 동행하게 되었다. 도중에는 자연이 잘 보존된 지역을 지나며 장엄한 풍경을 마주했다. 영양, 임팔라, 사자, 코끼리, 코뿔소, 치타, 표범, 하이에나, 자칼, 기린 등 동물도감에서나 보던 수많은 이국적인 동물들을 직접 목격했고, 아프리카 최고봉 킬리만자로의 만년설을 눈으로 확인하는 영광까지 누렸다.

마침내 아프리카 최대의 호수, 빅토리아 호수에 도착했다. 동행한 영국 군인들은 인류의 요람이라 불리는 이 '약속의 땅'을 둘러싼 지배권을 두고 독일과 경쟁하기 위해 파견된 경비병들이었다.

우리는 다시 적도를 지나 빅토리아 호수 북쪽으로 향했다. 아일랜드와 맞먹는 크기의 거대한 호수가 끝없이 펼쳐져 있었다. 나는 그 광경을 잠시 바라보다가, 잔지바르 항구에서 만난 탐험가가 일러준 석호로 발걸음을 옮겼다. 그는 몇 해 전, 그곳에서 여러 명이 흔적도 없이 사라졌다고 했다. 나는 그 실종이 단순한 우연이 아니라고 판단했다. 형사로서의 직감이, 그 미스터리한 실종 뒤에 '악마'가 있음을 가리키고 있었다.

석호 부근에 도착한 나는 군인들과 함께 주변을 수색하기 시작했다. 하마와 악어가 어슬렁거리는 물가를 조심스럽게 지나며 탐색을 이어가던 중, 물가에 배 한 척이 정박해 있는 작은 섬이 눈에 들어왔다. 우리는 배에서 내려 섬으로 향했다. 갈대숲 사이로 이어진 길 하나가 나타났다. 자연스럽게 생겨난 흔적이 아니라, 분명 누군가가 의도적으로 만들어 놓은 길이었다.
악마가 이 섬에 있는 걸까?

갑자기 눈앞에 동굴이 모습을 드러냈다. 깊이가 10여 미터는 족히 되어 보이는 자연 동굴이었다. 입구는 웃자란 풀에 완전히 가려져 있어, 호수 쪽에서는 그 존재를 짐작조차 할 수 없었다.

나는 잠시 숨을 고른 뒤 동굴 안으로 들어섰다. 안쪽으로 몇 걸음 옮기자, 예상치 못한 광경이 펼쳐졌다. 동굴 내부에는 커다란 건물이 세워져 있었다. 지역 주민들이 임시로 지은 허술한 구조물이 아니라, 정교하게 설계된 산업용 격납고에 가까운 형태였다.

나는 들뜬 마음을 가까스로 눌러가며 계단을 따라 아래로 내려갔다. 건물은 오랫동안 사용하지 않은 채 버려진 것 같았다. 군인들의 보호를 받으며 안으로 들어가자, 수많은 상자와 천, 목재와 금속 부품, 밧줄과 가스통이 어지럽게 쌓여 있었다.

건물 한가운데에는 갈대로 만든 거룻배 하나가 놓여 있었고, 그 위로는 밧줄로 연결된 거대한 천이 바닥에 널브러져 있었다. 나는 그 구조를 천천히 살폈다. 그것은 쥘 베른의 소설 《기구를 타고 5주간》에 등장하는 기구와 닮아 있었다. 다만, 결정적인 차이가 있었다. 이 거룻배에는 1분당 300발에 가까운 총알을 발사할 수 있는 기관총이 설치되어 있었다. 즉, 동굴 속 기구는 소설 속 모험의 상징과는 전혀 달랐다. 그것은 전쟁을 위한 기계, 명백한 살상 무기였다. 이 동굴 속 기구는 퍼거슨 박사의 기구와는 전혀 다른 것이었다.

기구에 설치된 기관총을 바라보며, 나는 비로소 악마의 위험성을 실감하기 시작했다. 단순한 탐험용 기구가 악의를 품은 자의 손에 들어가자 살상 무기로 변해버린 것이다. 쥘 베른의 편지에 적힌 경고가 떠올랐다. 모든 것이 그의 말 그대로였다.

나는 과거의 아픈 기억을 떠올리며, 전쟁의 도구로 전락한 그 기구를 경멸스럽게 노려보았다.

그러나 한편으로는, 그 구조와 원리를 구현해 낸 기술만큼은 인정하지 않을 수 없었다. 쥘 베른이 소설 속에서 묘사한, 공기보다 가벼운 수소와 열기 상승 원리를 결합한 비행 방식이 거의 완벽하게 재현되어 있었다. 고도 조절과 운전은 분젠전지로 점화된 토치의 열이 관을 따라 전달되며 이루어지는 구조였다.

그때 군인 한 명이 녹슨 작은 쇠구슬들을 가리켰다. 소형 폭탄이었다. 기구를 타고 상공에서 지상으로 투하하려 했던 것이 분명했다. 그 사실을 깨닫는 순간, 온몸에 소름이 돋았다.

나는 곧 기구를 만든 자의 정체를 추적할 단서를 찾기 위해 주변을 살피기 시작했다. 자세히 보니, 폭탄 표면에 희미하게 글자가 새겨져 있었다. 의미를 알 수 없는 표식처럼 보였지만, 분명 어떤 의도를 담고 있는 흔적이었다. 그러나 폭탄은 곳곳이 녹슬어 있어 글자를 온전히 읽어내기 어려웠다.

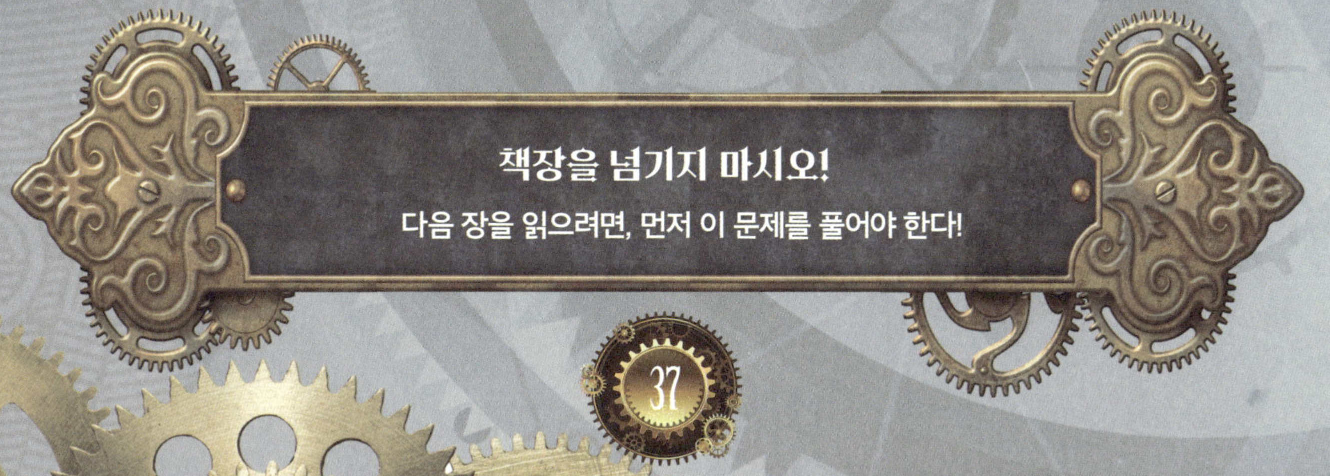

폭탄에 새겨진 글씨를 확인하고, 그것이 가리키는 장소를 밝혀라.

책장을 넘기지 마시오!

다음 장을 읽으려면, 먼저 이 문제를 풀어야 한다!

　강철 외피로 둘러싸인 소형 폭탄은 리버풀에서 생산된 것이었다. 격납고 곳곳을 샅샅이 살펴보았지만, 확실히 알아낸 단서는 그 사실 하나뿐이었다. 빈약한 단서였지만, 지금으로서는 그것으로도 충분했다.

　나는 군인들에게 격납고를 폭파하라고 지시했다. 잠시 후, 동굴 안쪽에서 거대한 폭발음이 울려 퍼졌다. 그 소리는 오래 남아 있던 위협이 완전히 사라졌음을 알리는 신호처럼 들렸다. 이번 여정은, 파괴적인 전쟁 무기를 제거한 것만으로도 의미가 있었다.

　다음 행선지는 영국이다. 결코 가까운 거리는 아니지만, 단서가 드러난 이상 수사를 멈출 수는 없었다.

신세계로 향하는 문

리버풀 항에 도착한 지 채 하루도 지나지 않았다. 낯선 항구의 냄새와 사람들의 분주한 발걸음 사이에서도, 난생처음 마주한 아프리카의 이국적인 풍경이 여전히 눈앞에 아른거렸다. 긴 여정에 지친 나는 오랜만에 제대로 된 침대에 몸을 누이며, 피로와 함께 지난 시간을 차분히 되짚어 보았다.

아프리카에서 그 거대한 기구를 발견한 지 벌써 한 달이 흘렀다. 정체불명의 '악마'를 뒤쫓아 사막을 건너고, 강을 따라 북쪽으로 향해 결국 빅토리아 호수에서 실마리를 잡은 끝에 영국 리버풀까지 이르게 된 것이다.

하지만 여전히 '악마'의 정체는 미스터리였다. 얼굴도, 이름도, 거처도 알 수 없다. 남아 있는 것은 단편적인 흔적뿐이었다. 내가 내린 유일한 결론은, 그가 세계 어디든 자유롭게 드나들 만큼의 막대한 부를 지닌 인물이라는 점이었다. 그러나 그 정도의 부를 가진 사람은 셀 수 없이 많다. 수사 범위를 '전 세계의 부자'로 좁힌다 해도, 악마의 정체는 여전히 안개 속에 가려져 있었다.

39

간밤에 푹 쉰 덕분에, 오늘은 온종일 리버풀 시내를 돌아다녔다. 거리마다 활기가 넘쳤고, 도시 전체가 빠르게 팽창하고 있다는 기운이 한눈에 느껴졌다.

영국 서쪽에 위치해 아일랜드를 마주하고 있는 리버풀은 아메리카 대륙으로 향하는 이상적인 출발지로서 수도 런던에 이어 중요한 항구 도시로 부상하고 있었다. 그러나 이러한 번영의 이면에는 어두운 그림자가 드리워져 있었다. 바로 노예무역이다. 리버풀은 유럽, 아프리카, 아메리카를 잇는 삼각무역의 중심지였다.

유럽의 노예제도는 1833년 영국, 1848년 프랑스에서 폐지되었다. 하지만 현실은 달랐다. 브라질과 쿠바 등 남미 지역에 노동력을 공급하기 위해 아프리카 사람들을 실은 노예선들이 여전히 대서양을 가로지르고 있었다. 불법 노예선을 단속하기 위해 여러 나라가 나포 권한을 포함한 국제 협약을 준비하고 있었지만, 상황이 개선되기까지는 아직 갈 길이 멀어 보였다.

리버풀은 쥘 베른의 소설 《하테라스 선장의 모험》에서 북극해 탐험을 위해 건조된 쌍돛대 범선 '포워드'가 출항한 도시다.

나는 노동자들이 분주히 짐을 하역하고 있는 부두로 향했다. 거대한 크레인이 쉼 없이 움직이고, 선원들과 인부들의 고함이 뒤섞이며 항구 전체가 하나의 거대한 기계처럼 돌아가고 있었다.

리버풀 항에 입항하는 배들 대부분은 이제 증기선이었다. 검은 연기를 내뿜으며 정박하는 배들의 모습은, 시대가 이미 바뀌었음을 분명히 보여주고 있었다.

증기선의 등장은 해상 무역에 혁신을 가져왔다. 돛단배 시절에는 바람에 의존해야 했기에 대서양을 횡단하는 데 한 달가량이 걸렸지만, 이제는 석탄을 연료로 사용하는 증기선 덕분에 열흘이면 충분하다. 그와 같은 발전은 항로의 개념 자체를 바꾸어 놓았고, 그 덕분에 적도 아프리카를 왕복하는 시간 또한 매우 짧아졌다.

부두 격납고 부근에 '스미스 스틸'이라는 간판이 걸려 있었다. 내가 찾던 공장
이었다. 나는 건물 안으로 들어가 안내 데스크로 향했다. 경찰 신분증을 제시하며 사장
을 만나고 싶다고 말했다. 담당자는 스코틀랜드 억양을 지닌 세련된 부인이었다. 나는 그녀의 안
내를 받아 그레이엄 스미스 사장실로 들어갔다.

사장의 단단한 체격과 말쑥한 차림새는, 제강소에서 땀을 흘리며 일하는 깡마른 노동자들의
모습과 극명한 대비를 이루고 있었다. 나는 그가 가리킨 푹신한 소파에 앉았다. 화려하게 꾸며
진 사무실이었지만, 바깥에서 울려 퍼지는 기계의 굉음까지는 막을 수 없었다.

나는 신분증을 내보이며 빅토리아 호수 근처 동굴에서 발견한 소형 폭탄에 대해 물었다. 그
는 잠시 나를 바라보다가 단호하게 말했다.

"나는 폭탄을 만든 적이 없습니다. 내가 판 것은 무기가 아니라, 강철입니다."

나는 폭탄에 대해 가능한 한 자세히 설명했다. 그리고 그 외피에 분명 회사 이름이 새겨져 있었다고 강조했다. 사장은 내가 말한 폭탄의 외피, 즉 '셸'이 자신의 회사에서 제작된 것임을 인정했다.

"약 10년 전, 막 회사를 세웠을 때 받은 주문 가운데 하나였습니다."

내가 셸에 대해 집요하게 캐묻자, 사장의 표정이 점점 굳어졌다. 그는 불쾌한 기색을 숨기지 못한 채 목소리를 높였다. 직업적 비밀 유지와 질문의 불법성을 이유로, 주문자에 대한 정보 제공을 단호히 거부했다.

그때 누군가 문을 세차게 두드렸다.

"들어와!"

사장은 신경질적으로 외치며 자리에서 일어섰다. 곧 비서가 뛰어 들어와 프레스 기계에서 사고가 발생했으니 즉시 현장으로 가야 한다고 전했다. 노동자의 손이 기계에 끼여 심하게 다쳤다는 것이었다. 사장은 자신이 돌아올 때까지 기다리라고 말한 뒤, 급히 사무실을 나갔다.

사무실에 홀로 남은 나는, 경찰로서의 습관대로 주변을 천천히 둘러보았다. 책상 위에 놓인 회계 장부가 눈에 들어왔다. 저 안에는 분명 폭탄 외피를 주문한 자의 이름이 기록되어 있을 것이다. 절호의 기회였다. 사장이 언제 돌아올지 모른다. 서둘러야 한다. 만약 들키기라도 한다면, 나는 곧바로 체포되어 즉결 재판에 넘겨질 것이다.

Year 1876

Month	Day	Product	Qty	Customer	Reference
	25	Bolds	500	Ron Hillside	BO-RH-[redacted]
	27	Sheet[redacted]	[redacted]00	Joe [redacted]ddy	SH-JW-0[redacted]
	27	[redacted]ds	500	Pete[redacted]lerson	[redacted]03
	[redacted]	S[redacted]s	25[redacted]	J[redacted]y	S[redacted]
April	[redacted]	[redacted]olds	10[redacted]	The[redacted]eyrig	BO[redacted]
	[redacted]	[redacted]rews	500	Johnathan Fooddy	SC-JF-006
	6	[redacted]	25	Andy[redacted]	[redacted]
	10	Stu[redacted]	200[redacted]	Gus[redacted]iffel	ST[redacted]08
	1[redacted]	[redacted]ds	10[redacted]	Gus[redacted]ve Eiff[redacted]	[redacted]
	[redacted]	Rivets	500[redacted]	[redacted]stave Ei[redacted]	[redacted]-GE-01[redacted]

나는 서둘러 회계장부를 펼쳤다. 사장의 말대로라면, '셸'의 주문은 창업 직후에 이루어진 거래였다. 따라서 가장 먼저 확인해야 할 것은 회사의 첫 해, 1876년도의 장부였다. 그러나 오래된 종이 위엔 잉크가 번지고 얼룩이 퍼져 있어 주문 내역을 읽어내는 것은 쉽지 않았다.

나는 장부를 덮고 곧장 책장 쪽으로 시선을 돌렸다. 거기에는 배송 주문서와 배달 주소가 적힌 두꺼운 서류철이 꽂혀 있었다. 표지가 닳아 글씨가 반쯤 지워졌지만, 첫 장을 펼치는 순간 장부에서 봤던 고객들의 이름이 눈에 띄었다. 종이는 여기저기 찢기고 얼룩져 있었지만, 그 가운데 또렷이 적힌 한 이름이 내 시선을 붙잡았다. 폭탄 외피를 주문한 사람의 이름이었다!

이제 남은 건 단 하나, 그 이름과 주소를 정확히 확인하는 일뿐이었다.

Name / Address	Code	Name / Address	Code	Name / Address	Code
Peter Anderson Oxford Street London, England	ST-PA-003	Aaron White Ocean Street Boston (MA), United States	-AW-017	Joe Weddy Greenside Street Cardiff, Ireland	SH-J[blot]-002 [blot]T-[blot]-018
Andy Pettersen Red Street Manchester, England	RO-AP-007 BO-[blot]-019 [blot]P-020	Johnathan Fooddy Summer Street Cardiff, Wales	SC-JF-006	Matthew Stirling Castle Boulevard Edinburgh, Scotland	[blot]MS-021
John Fargo Wales Coast Street Portland (ME), United States	SH-JF-0[blot]	Ron Hillside Seagulls Street Bath, England	BO-[blot]H-001 ST-[blot]-023	John F[blot] Flaming[blot] Street Tampa (FL), United States	SH-JF-004
Theophile [blot] Street	BO-[blot]-005	Gustave Eiffel Rue Rabelais Paris, France	ST-GE-008 RO-[blot]-009 [blot]-GE-010	James Moriarty Unknown address Will get the products himself	SC-JM-011 [blot]-JM-012 [blot]3 [blot]014 R[blot]015 B[blot]016

드디어 '셸' 구매자의 이름을 알아냈다. 나는 떨리는 손으로 그 이름과 주소를 서둘러 메모지에 옮겨 적었다. 곧바로 회계장부와 서류철을 원래 자리로 꽂아 넣고, 아무 일도 없었던 것처럼 다시 소파에 앉았다.

얼마 지나지 않아 문이 벌컥 열리며 사장이 돌아왔다. 얼굴에는 긴장과 분노가 뒤섞여 있었다. 그는 나를 신경 쓸 겨를도 없는 듯 비서에게 상황을 묻고 서류를 뒤적이다가, 이내 허둥지둥 자리에 앉았다. 나는 태연한 표정으로 더 이상 궁금한 점이 없다고 말하며 자리에서 일어섰다. 사장은 내 말을 제대로 듣지도 않은 채 고개만 끄덕였다.

밖으로 나오자 요란한 사이렌을 울리며 구급차 한 대가 부두 쪽으로 달려갔다. 공장 앞에는 사람들이 몰려 웅성거리고 있었다. 열악한 노동 환경과 파업을 촉구하는 목소리였다. 노동자들은 사고의 책임이 과도한 업무와 안전 관리 소홀에 있다며 사장을 비난하고 있었다. 나는 공장의 소음이 점점 멀어지는 곳까지 걸어간 뒤, 지나가던 마차를 세웠다. 그제야 긴장이 서서히 풀렸다.

호텔로 돌아와 침대에 앉자, 방금 확인한 이름이 다시 떠올랐다. 존 폴시(John Falsy). '폴시'—거짓(False)을 연상시키는 그 이름이 영 수상쩍었다. 진짜가 아닌, 가명일 가능성이 높았다. 그러나 지금으로서는 그 단서 하나가 전부였다.

나는 종이에 적힌 주소를 다시 바라보았다. 그때 무언가 머리를 스치듯 지나갔다. 플로리다! 쥘 베른의 소설 《지구에서 달까지》의 주인공이 거대한 대포의 포탄에 실려 우주로 날아간 바로 그곳이었다.

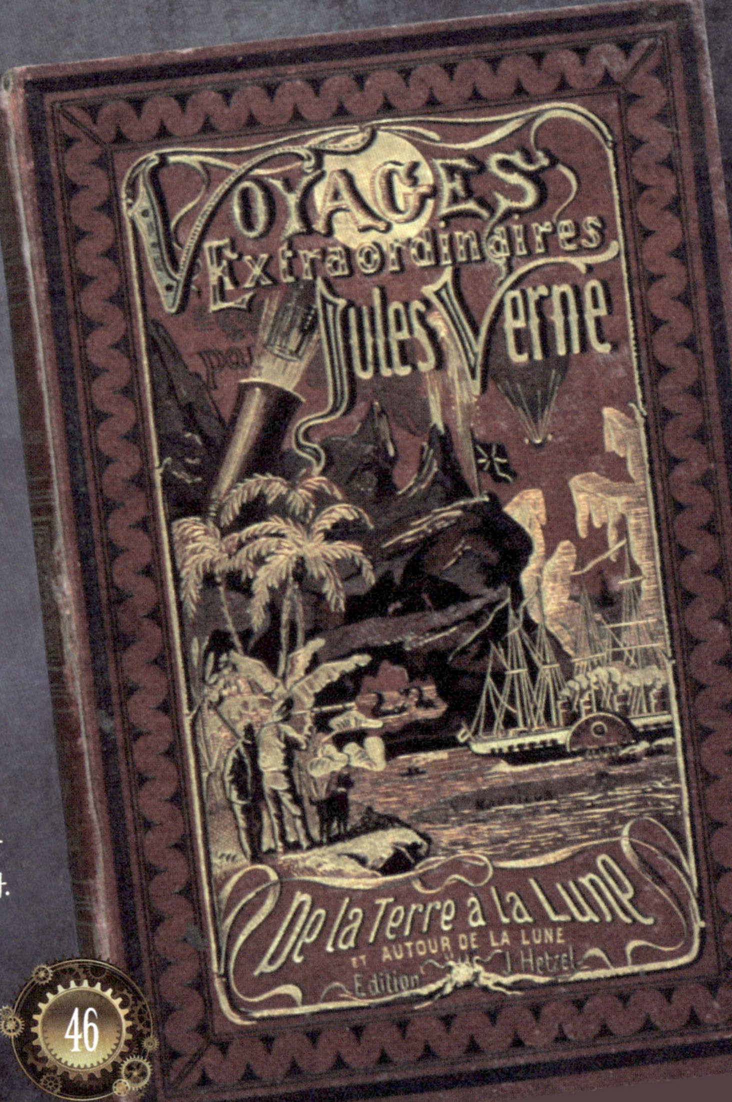

아주 거대한 무기

영국 리버풀에서 탬파까지는 약 2주가 걸렸다. 나는 리버풀에서 화이트 스타 라인 해운회사의 정기선인 켈틱호에 올랐다. 켈틱호는 두 개의 대형 엔진과 네 개의 돛대를 갖춘 배였다.

에드워드 선장이 지휘하는 켈틱호는 쥘 베른의 소설 《떠다니는 도시》에 등장하는 배만큼 거대하지는 않았지만, 당시 기준으로는 상당한 규모를 자랑했다. 시속 약 14노트(시속 25.9킬로미터 - 옮긴이 주)의 속도로 운항하는 이 여객선은 리버풀과 뉴욕을 정기적으로 오가고 있었다.

신대륙으로 향하는 배편을 구하고 있을 때, 마침 켈틱호가 출항 준비를 하고 있었다. 나는 행운이 따른다고 생각했다. 순탄한 바람과 잔잔한 해류 덕분에 항해는 순조로웠다. 가끔 배가 흔들리기도 했지만, 9일이 지나 뉴욕 허드슨 항에 도착했다.

허드슨 항은 머지않아 뉴욕의 상징으로 자리 잡을 자유의 여신상을 설치할 거대한 받침대를 세우는 공사로 무척 분주했다.

자유의 여신상은 프랑스가 우정의 상징으로 미국에 선물한 것으로, 위젠느 비올레르 뒤크, 프레데릭 오귀스트 바르톨디, 그리고 구스타브 에펠이 제작에 참여한 작품이다. 여신상은 이미 뉴욕에 도착해 있었다. 받침대 뒤편에 있는 여신상 드레스의 주름을 바라보며, 머지않아 거대한 형상이 완성될 것임을 짐작할 수 있었다.

나는 1878년 파리 만국박람회에서 마르스 광장에 전시된 자유의 여신상 흉상을 본 적이 있었다. 그러나 언젠가 허드슨 만에 우뚝 서서 횃불을 높이 들어 올리고, 희망을 찾아 미국으로 향하는 사람들을 맞이하게 될 그 거대한 조각상의 모습을 직접 보고 싶었다.

나는 군함에 오르기 전 며칠 동안 맨해튼에 머물렀다. 이후 군함에 올라 사흘간 항해한 끝에 잭슨빌에 도착했고, 그곳에서 다시 마차를 타고 플로리다주 탬파까지 이동했다.

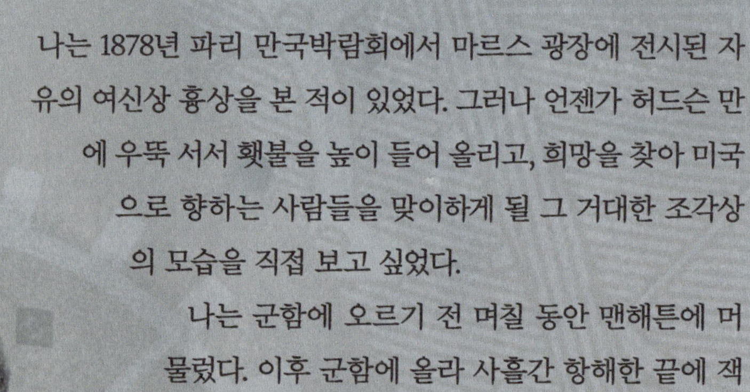

　　탬파에 도착하자마자 나는 리버풀 제강소에서 강철 외피 '셸'을 배송했다는 플라밍고스 거리로 향했다. 거리 자체는 어렵지 않게 찾을 수 있었다. 하지만 그곳에는 존 펄시라는 사람이 살고 있지 않았다. 나는 무엇을 해야 할지 몰라 잠시 멍하니 서 있었다.

　　나는 항구로 갔다. 최근 대량의 인산염이 발견되면서 항구는 북새통을 이루고 있었다. 사람들과 화물이 뒤엉킨 그곳을 오전 내내 배회하던 중, 문득 한 가지 생각이 스쳐 지나갔다. 나는 지체하지 않고 스톤힐로 발걸음을 옮겼다.

　　쥘 베른의 소설 《지구에서 달까지》의 주인공들은 달까지 쏘아 올릴 거대한 대포를 만들고, 탬파에서 멀지 않은 스톤힐에 발사대를 설치한다. 나는 혹시나 하는 마음에 그곳으로 향했다. 예상은 빗나가지 않았다. 비록 '셸'을 주문한 존 펄시는 만나지 못했지만, 스톤힐 바위산 정상에서 새로운 단서를 찾을 가능성이 보였다.

　　정상에는 주조 공장을 닮은 커다란 건물이 서 있었다. 건물을 한 바퀴 둘러보았지만 인기척은 전혀 없었다. 오래전에 버려진 공장처럼 보였다.

　　나는 의문의 '악마'와 쥘 베른의 소설 사이의 연관성을 입증할 단서가 있기를 바라며 조심스럽게 건물 안으로 들어갔다. 그리고 그 연관성을 확인하는 데에는 그리 오랜 시간이 걸리지 않았다.

실제로 건물 한가운데에는 거대한 대포가 놓여 있었다. 그 대포는 쥘 베른의 《지구에서 달까지》의 주인공 바비케인, 아르당, 니콜을 우주로 쏘아 올린 대포와 똑같았다. 어림잡아 길이는 약 100미터쯤 되어 보였고, 포구의 지름은 6미터, 밑부분의 지름은 14미터에 달하는 듯했다. 무게 역시 족히 수만 톤은 될 것 같았다. 소설 속 묘사와 마찬가지로, 조절 장치에는 '콜럼비아드(COLUMBIAD)'라는 글자가 또렷하게 새겨져 있었다.

역사적으로 콜럼비아드 대포는 남북전쟁의 유물이다.

쥘 베른이 남북전쟁을 배경으로 쓴 《봉쇄 돌파선》을 읽은 덕분에, 나는 남북전쟁에 대해 어느 정도 알고 있었다. 미국 남북전쟁은 1861년부터 1865년까지 에이브러햄 링컨이 이끄는 미합중국(유니언)과 제퍼슨 데이비스가 이끄는 남부 연합 사이에서 벌어진 내전이다. 노예제를 지지하는 남부의 11개 주가 연합해 미합중국으로부터의 분리를 선언하면서 전쟁이 시작되었다. 약 300만 명 이상의 군인이 참전했고, 60만 명이 목숨을 잃었으며 그보다 훨씬 많은 사람이 부상을 당하거나 후유증에 시달려야 했던 가슴 아픈 전쟁이었다.

산업 자본주의에 기반한 미합중국은 노예제 폐지를 주장했지만, 목화와 담배 재배 등 노동력이 절대적으로 필요한 농업 경제에 의존하던 남부 연합은 노예제 폐지에 강하게 반대했다. 미국 전역에 노예제 폐지를 확정하려 했던 링컨 대통령은 남부 연합의 탈퇴를 막기 위해 모든 노력을 기울였다. 그러나 남부가 항복하기 직전, 남부 지지자의 총격으로 결국 목숨을 잃고 만다.

악마의 목적이 정말 달로 가려는 것일까? 나는 사실을 확인하기 위해 대포 주변을 둘러보았다. 리프트 아래에 놓인 발사체를 보고 나는 악마의 목적이 달이 아니라는 사실을 깨달았다. 발사체에는 문이 달리지 않았다. 즉 사람이 탈 수 없다는 뜻이었다. 발사체는 지름 약 3미터에 높이 5미터쯤 되어 보였다.

솔직히 눈앞에 있는 이 대포의 포탄이 얼마나 막대한 피해를 줄 수 있을지 도저히 상상이 되지 않았다.

포탄 옆에는 탁자가 하나 놓여 있었다. 탁자 위에는 먼지가 잔뜩 쌓인 과학·기술 자료들이 흩어져 있었다. 그중에는 궤적 계산과 단위 변환을 기록한 서류와 콜럼비아드 대포의 특성을 정리한 도표도 있었다. 수학의 '수' 자만 들어도 머리가 하얘지는 사람들이 보면 골머리를 앓을 만한 것들이었다.

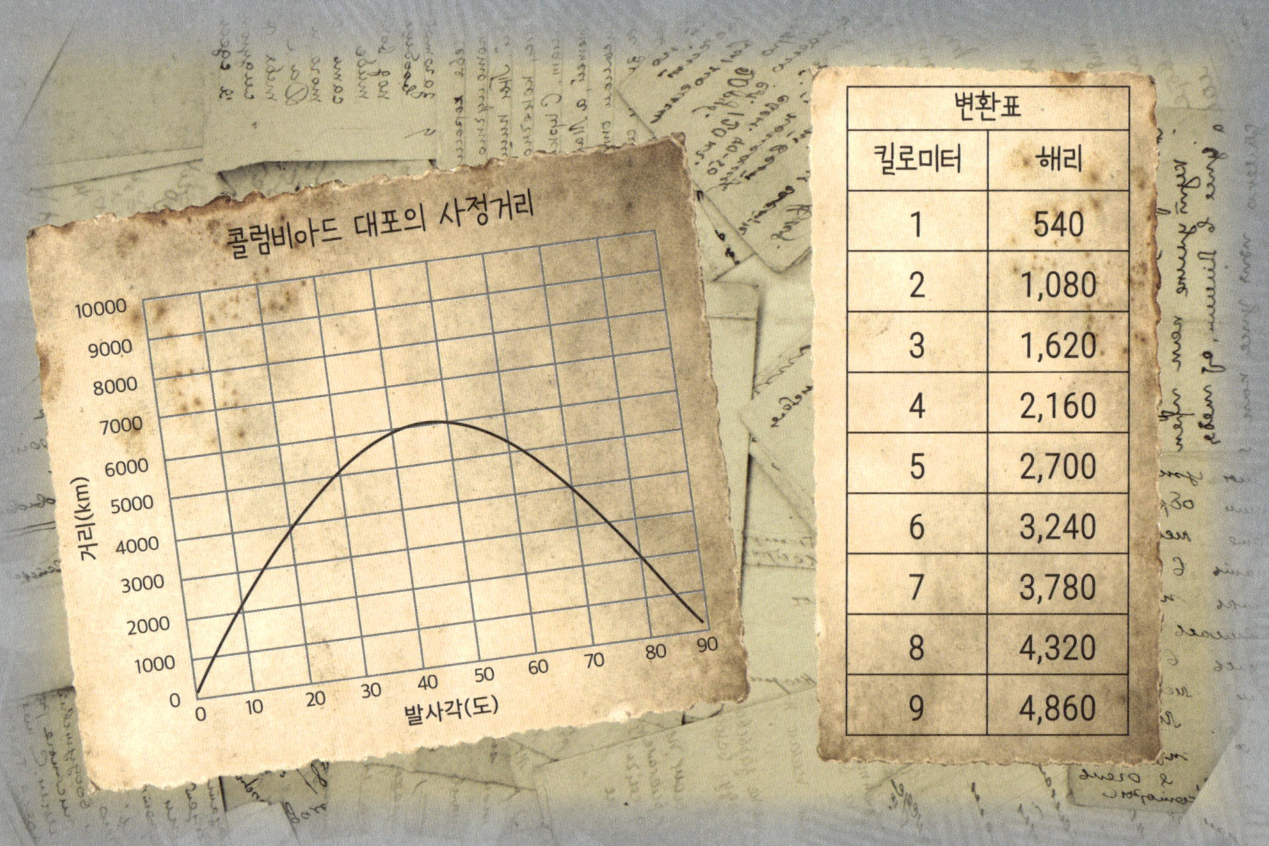

변환표	
킬로미터	해리
1	540
2	1,080
3	1,620
4	2,160
5	2,700
6	3,240
7	3,780
8	4,320
9	4,860

나는 탁자에 달린 서랍을 열었다. 안에는 거리와 위치, 국가와 도시 이름이 적혀 있는 특이한 목록이 들어 있었다. 나는 그 목록을 보며 한참 생각했다. 그리고 그것이 악마가 대포를 쏠 잠재적 목표물을 기록한 것임을 깨달았다. 대포의 엄청난 규모로 미루어 보건대, 국경이나 바다와 상관없이 어디든 사정거리 안에 들어갈 수 있을 것 같았다.

종이 뒷면에 적힌 프랑스어 글귀가 눈에 들어왔다.

"콜럼비아드와 함께라면, 내 팔은 상상할 수 없을 만큼 길어질 것이다. 그것은 불꽃의 거인의 입속으로 포탄을 쏘아 올리고, 대지의 피를 흘리게 할 것이다."

무슨 뜻인지 종잡을 수 없지만, 적어도 중요한 정보 하나는 얻었다.

악마는 프랑스 사람이다. 국제적으로 활동하며 돈이 많은 프랑스 사람. 이것만으로도 용의자의 범위를 꽤 좁힐 수 있게 되었다.

갑자기 포탄이 하나라도 발사된 적이 있는지 의문이 들었다. 아니다, 그런 적은 없다. 분명하다. 만약 콜럼비아드에서 대포가 발사된 적이 있었다면, 소문이 파다하게 퍼졌을 것이고 셀 수 없이 수많은 증언이 쏟아졌을 것이다. 단언컨대 이 거대한 대포는 한 번도 사용된 적이 없다.

국가 및 도시	거리 (해리)	방위각
독일	4,226	41
보스턴	1,027	27
브라질	3,392	132
캐나다	1,346	17
쿠바	870	123
스페인	3,857	56
프랑스	3,973	47
그린란드	2,825	19
아일랜드	3,521	41
아이슬란드	3,167	27
멕시코	1,018	243
뉴욕	870	27
노르웨이	4,067	27
포르투갈	3,590	56
영국	3,790	41
세네갈	3,765	85

콜럼비아드 대포가 겨누는 목표물을 밝혀라.

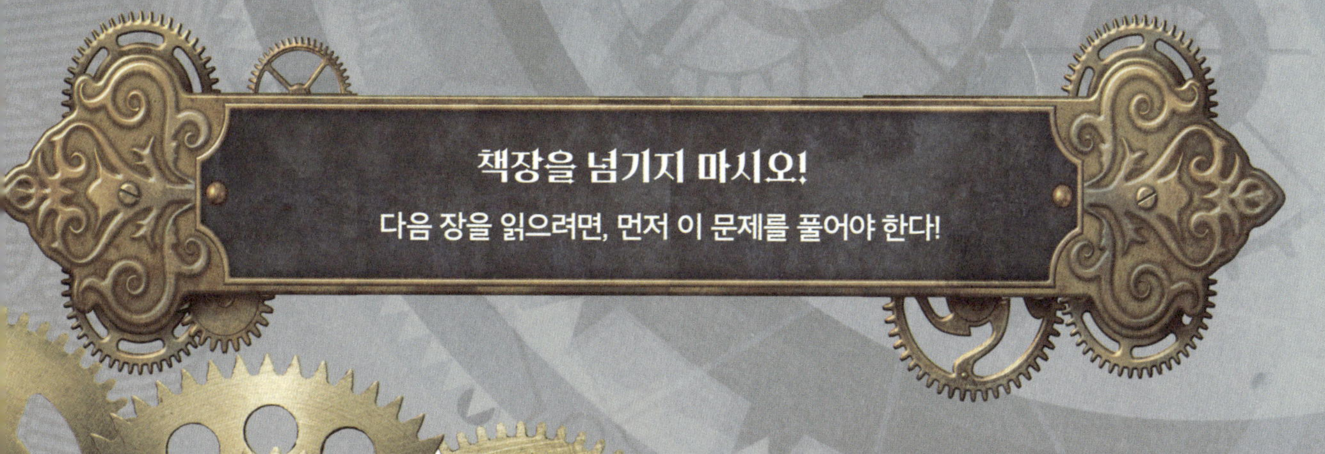

대포가 겨누고 있는 곳은 아이슬란드였다. 아이슬란드는 플로리다에서 수천 킬로미터나 떨어져 있다. 대포를 그렇게 먼 거리까지 발사할 수 있다니! 도저히 믿기지 않았다. 그래서 이 대포가 한 번도 사용되지 않은 것일까?

아이슬란드! 쥘 베른의 소설 《지구 속 여행》에서 지구 내부로 들어가는 입구인 스나이펠스 화산이 있는 곳이다. 이제야 목표물이 적힌 종이 뒷면에 쓰여 있던 글귀의 의미가 분명하게 이해되었다.

악마가 말한 '불꽃 거인'은 화산이 틀림없다. 그렇다면 악마는 쥘 베른이 소설에서 묘사한 지하 세계로 들어가기 위해 분화구에 대포를 발사할 작정이었을까? '대지의 피'라는 말은 용암을 비유적으로 표현한 것이 아닐까?

나는 악마의 광기에 헛웃음조차 나오지 않았다. 언제든 무시무시한 무기로 돌변할 수 있는 대포를 바라보며, 악마가 단순히 광기에 사로잡힌 미치광이가 아니라 잔인하고 무시무시한 범죄자라는 사실을 다시 한번 되새겼다.

나는 주위를 둘러보았다. 폭발물이 될 만한 것은 전혀 보이지 않았다. 나는 아이슬란드로 가기 위해 발걸음을 서둘렀다.

대지의 피

아이슬란드까지는 꼬박 한 달이 걸렸다. 북극권에 걸쳐 있는 이 섬은 주요 해상 항로에 속하지 않아 접근이 쉽지 않은 곳이었다. 그곳까지 가려면 여러 차례 배를 갈아타고, 항구를 경유해야 했다. 다행히 북반구는 막 여름에 접어든 시기였다. 신대륙을 떠나 래브라도해(래브라도와 그린란드 사이의 바다 - 옮긴이 주)에 이르기까지 교묘히 항로를 가로막는 빙산을 한 번도 만나지 않았다. 게다가 여름 사냥을 위해 이동하는 고래와 범고래를 가까이에서 볼 수 있는 행운도 따랐다. 그들의 유영은 긴 항해에 지친 나에게 작은 위안이 되어 주었다.

레이캬비크에 도착한 나는 작은 낚싯배를 타고서야 비로소 스나이펠스 화산에 닿을 수 있었다. 나는 그 화산을 넋을 잃은 듯 바라보았다. 높이 약 1,400미터의 스나이펠스는 바다를 굽어보는 거대한 거인처럼 우뚝 서 있었다. 마침 1년 중 낮이 가장 긴 하지였다. 태양은 마치 지지 않겠다는 듯 하늘에 머물러 있었다. 그 장엄한 풍경에 완전히 사로잡힌 나는, 감탄을 삼키며 조심스럽게 화산 기슭에 발을 디뎠다.

　　등반은 길고 험난할 것이 분명했다. 절뚝거리는 다리로 정상까지 오르는 일은 무리였다. 하지만 나는 한 번도 장애 때문에 하려던 일을 포기한 적이 없었다. 나는 배에서 내린 식량과 등산 장비를 챙겼다. 그리고 곽사만을 건너게 해 준 어부에게 다음 날 다시 만나자고 약속했다. 배에서 내린 나는 한 걸음 한 걸음 산을 올랐다.

　　가파른 경사는 느린 걸음에도 힘겨웠다. 쥘 베른의《지구 속 여행》에 나오는 리덴브로크 교수와 그의 일행이 떠올랐다. 그들이 지구 속 여행을 시작한 곳이 바로 스나이펠스 화산이기 때문이다. 나도 모르게 그들처럼 놀라운 발견을 하게 될지도 모른다는 은근한 기대가 생겼다.《지구 속 여행》은 쥘 베른의 넘치는 상상력이 만들어 낸 결과물이었다. 그럼에도 그들은 실제로 존재했던 인물들처럼 느껴졌고, 그들의 발견 또한 사실처럼 여겨졌다.

　　거의 자정 무렵이 되어서야 화산 정상에 다다랐다. 태양은 여전히 바다를 비추고 있었다. 햇살을 받은 바다 물결은 보석처럼 반짝였다.

　　나는 정상 주변을 살폈다. 분화구였다. 하얀 눈으로 뒤덮인 분화구가 발밑에 펼쳐져 있었다. 나는 각별한 주의를 기울이며 거대한 거인의 입처럼 벌어진 분화구를 살폈다. 그리고 혹시라도 있을지 모를 사람의 흔적을 찾았다.

　　한참을 살핀 끝에 자연
적으로 형성된 동굴 하나를
발견했다. 분화구 안쪽 벽면에 입
을 벌린 채 숨어 있는 작은 구멍
같은 동굴이었다. 나는 잠시 망설
였지만, 이내 마음을 굳히고 동굴
안으로 들어갔다. 동굴은 마치 지
하 감옥으로 내려가는 통로처럼
아래쪽으로 이어져 있었다.

　　나는 흘러내린 용암이 굳어
생긴 커다란 바위에 밧줄을 단단
히 묶고, 그것을 붙잡은 채 안으로
내려가기 시작했다. 혹시 모를 위험에 대비해 석유램프에 불을 붙였다. 희미한 불빛이 동굴 벽을
비추자, 나는 완만하게 경사진 굴 속으로 천천히 내려갔다. 몇 번이나 되돌아설까 고민했다. 하
지만 참을 수 없는 호기심이 나를 계속 앞으로 이끌었다. 결국 나는 더 깊은 곳으로 향하기로 했
다. 마음속으로는 동굴 깊숙한 곳에서 불빛에 둘러싸인 지하 세계가 모습을 드러내기를 은근히
기대하고 있었다. 화석 버섯이 자라고, 선사시대 동물들이 살아 숨 쉬는 거대한 지하 바다. 쥘 베
른의 소설 《지구 속 여행》에 나오는 바로 그 세계 말이다.

　　얼마 지나지 않아 앞에 또 다른 자연적인 구멍이 나타났다. 나는 그곳으로 다가갔다. 그런데
이번 구멍은 이전 것과 달랐다. 구멍의 가장자리에는 금속 구조물이 둘러쳐져 있었다. 엘리베이
터였다. 도저히 믿기지 않았다.

　　엘리베이터는 전기로 작동하는 모터와 정밀한 균형추 시스템으로 움직이는 구조였다. 주변
을 더 살펴보니 어마어마한 크기의 배터리까지 설치되어 있었다. 누군가 이 지하 깊숙한 곳에 고
도의 기술 장비를 구축해 놓은 것이다. 혹시나 하던 기대는 이번에도 예상 이상이었다.

나는 좁은 엘리베이터 안으로 들어갔다. 손잡이를 당기자 요란한 기계음과 함께 엘리베이터가 아래로 급히 내려가기 시작했다. 내부가 너무 어두워 속도를 가늠하기는 어려웠다. 끝없이 내려가는 듯하던 엘리베이터는 이윽고 '덜컥' 하는 소리와 함께 멈췄다.

얼마나 깊이 내려왔는지는 짐작할 수 없었다. 엘리베이터에서 나오자, 눈앞에는 반쯤 물에 잠긴 거대한 동굴이 펼쳐져 있었다. 나는 잠시 마음을 가라앉히기 위해 두 손을 물에 담갔다. 물을 떠서 맛을 보니 짠맛이 났다. 이 동굴이 바다와 연결되어 있다는 뜻이었다.

잠깐 숨을 참고 수영을 했다면 이렇게 힘겹게 산을 오르고, 위험한 하강을 감수할 필요도 없었을지 모른다는 생각이 스쳤다. 하지만 곧 생각을 바꾸었다. 지금 내가 있는 위도의 바닷물은 수온이 영상 3도를 넘기기 힘들다. 자칫 잘못했다면 그대로 얼어 죽었을 것이다.

나는 동굴 안을 둘러보았다. 엘리베이터와 마찬가지로, 화산 동굴에서는 좀처럼 볼 수 없는 물건들이 곳곳에 놓여 있었다. 채굴 장비와 석유램프, 그리고 여러 개의 상자가 널려 있었다. 상자 안에는 광물이 가득 들어 있었다.

나는 광석을 자세히 살펴보았다. 최근 보석 밀매 사건을 수사하며 얻은 지식 덕분에, 상자에 담긴 광물이 칼륨, 아연, 망간, 그리고 성질이 분명하지 않은 과산화물이라는 것을 알아볼 수 있었다.

이 광물들은 화산 동굴에서 채굴된 것이 분명했다. 악마가 말한 '대지의 피'가 바로 이것을 가리키는 것일까?

그때, 1878년 파리 만국박람회에서 만난 해양 엔지니어 구스타브 제데와의 대화가 떠올랐다. 그는 수면에서는 증기로 움직이고, 수중에서는 과산화물과 유사한 화합물을 이용해 모터를 작동시키는 '이크티네오 II' 잠수함을 바르셀로나에서 보았다고 말했다. 그 잠수함은 동력을 만들어낼 뿐 아니라, 연소 과정에서 발생하는 화학 반응을 통해 산소까지 생성한다고 했다. 덕분에 승무원들은 잠수함 내부에서도 큰 어려움 없이 생활할 수 있다는 것이었다. 당시에는 그의 말을 전혀 믿지 않았다. 하지만 방금 발견한 것들을 떠올리자, 그것이 결코 허황된 이야기가 아닐 수도 있다는 생각이 들었다.

이 동굴은 잠수함의 보급 기지일까? 나는 그럴 가능성이 높다고 느꼈다. 아니, 거의 확신에 가까웠다. 악마라면 충분히 이런 일을 벌이고도 남을 것이다.

나는 계속 상자들을 살폈다. 그러다 이상한 서류 한 장을 발견했다. 그 서류에는 린덴브로크 교수가 지구의 중심으로 가는 길을 표시해 두었던 양피지의 글과 유사한 룬 문자 코드가 적혀 있었다.

나는 쥘 베른의 소설 속으
로 다시 들어온 듯한 기분에 순
간 숨이 멎는 듯했다. 소설과 현실이
계속해서 교차하고 있었다. 한편으
로는 나 자신의 통찰에 대한 묘한
확신도 들었다.

나는 등잔을 들어 화산에서 분
출된 가스의 흔적을 찾아보았다.
그러나 의심할 만한 흔적은 전혀
발견되지 않았다.

그때 마개로 막혀 있는 금속관 하나가 눈에 들어왔다. 나는 조심스럽게 마개를 열었다. 안에
는 두루마리 종이가 들어 있었다. 종이에는 아무 글자도 없고, 서로 다른 크기의 점들이 찍힌 세
계지도가 그려져 있었다. 처음에는 그 점들의 의미를 알 수 없어 당황했지만, 그중 하나가 아이
슬란드에 표시되어 있다는 사실을 알아차렸다.

나는 금속관을 다시 살폈다. 안쪽 깊숙한 곳에 또 다른 종이가 들어 있었다. 가느다란 철사를 이용해 조심스럽게 그것을 끄집어냈다. 종이에는 룬 문자가 빼곡하게 적혀 있었다. 난해한 고대 문자였지만, 다행히 상자 안에는 해독 코드가 함께 들어 있었다. 어쩌면 그것을 통해 이 글을 풀어낼 수 있을지도 모른다.

지금까지 발견한 것들을 종합해 보면, 이 세계지도는 내가 있는 스나이펠스 화산과 같은 성격의 장소들을 표시해 둔 것이 분명했다. 만약 잠수함이 실제로 존재한다면, 그것을 찾을 수 있는 가장 확실한 단서는 지도 한가운데 가장 크게 표시된 지점일 것이다.

나는 지중해 위에 표시된 그 장소가 정확히 어디인지 밝혀내야 했다.

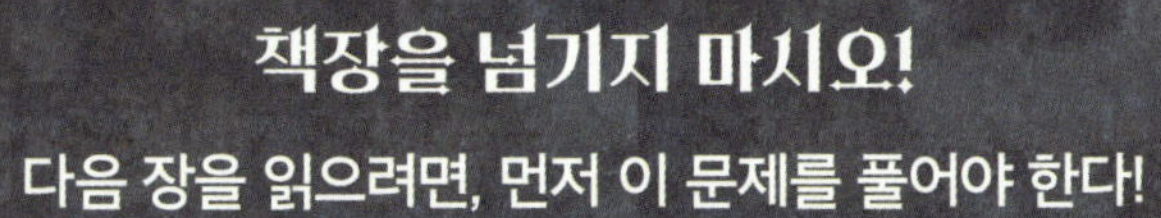

나는 이해가 되지 않았다.《지구 속 여행》에서 리덴브로크와 그의 일행은 환상적인 지구 속 여행을 마친 뒤, 분출하는 스트롬볼리 화산 덕분에 다시 지상의 신선한 공기를 맡을 수 있게 된다. 나는 악마가 스나이펠스 화산 분화구에 발포할 것이라 여겼던 콜럼비아드 대포를 떠올렸다.

악마의 첫 번째 계획은 콜럼비아드 대포로 화산을 깨우는 것도, 잠수함의 연료로 사용할 광물을 채굴하는 것도 아니었다. 그는 남들 눈에 띄지 않게, 아주 은밀하게 수작업으로 광물을 채굴하고 있었기 때문이다. 누가 화산 속에 엘리베이터와 지하 기지가 있을 것이라고 상상이나 하겠는가?

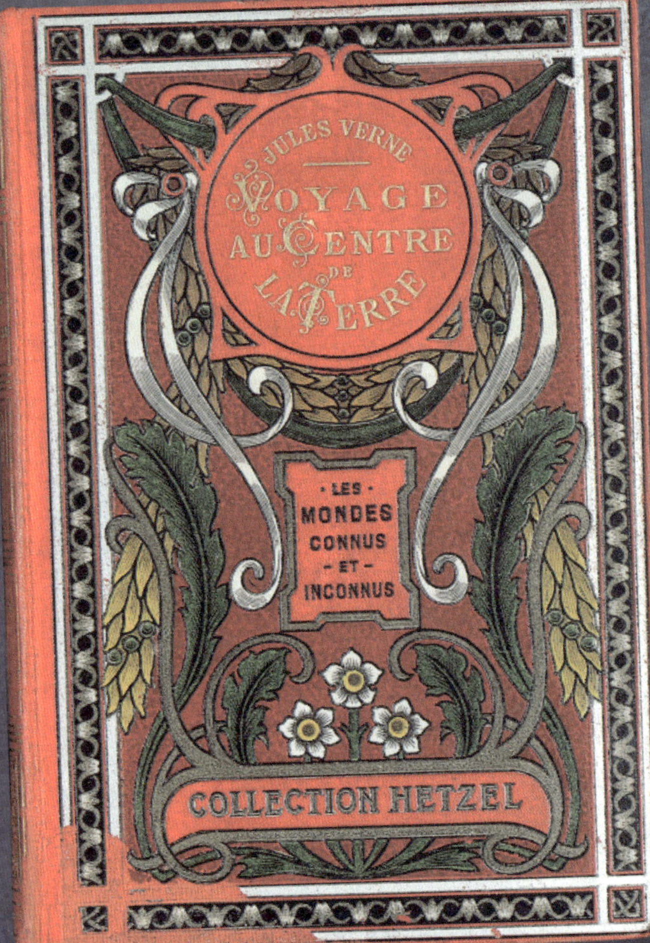

지도에 찍힌 점들을 바라보며, 나는 악마가 자신이 개발한 무기를 보관할 격납고를 세계 곳곳에 세우려는 것은 아닐까 하는 의심이 들었다. 다시 말해, 악마가 마음만 먹으면 전 세계 어디든 공격할 수 있다는 뜻이었다.

나는 쥘 베른이 두려워했던 이유를 충분히 이해할 수 있었다. 내가 뒤쫓고 있는 악마는 극악무도한 자가 틀림없다.

◁ 쥘 베른의《지구 속 여행》: 알려진 세상 그리고 알려지지 않은 세상(에첼 컬렉션)

심해의 위협

1886년 7월 5일, 스트롬볼리섬

자이언트 코즈웨이(영국 북아일랜드의 주상절리 - 옮긴이 주)

이탈리아 시칠리아에 가는 방법은 여러 가지가 있다.

첫 번째 방법은 배를 타고 북아일랜드까지 간 뒤 육로로 더블린까지 이동하고, 다시 배를 타고 프랑스 르아브르까지 간 다음, 마차와 철도를 이용해 이탈리아로 가는 것이다. 이렇게 하면 길을 다소 우회하게 되지만, 지질학적으로 유명한 '자이언트 코즈웨이'를 볼 수 있다. 하지만 북아일랜드에서는 구교도와 신교도 사이의 종교적 분쟁과 불안한 정치 상황이 계속되고 있었다. 그래서 이 방법은 그다지 바람직하게 느껴지지 않았다.

그래서 선택한 것이 두 번째 경로였다. 배를 타고 리스본까지 간 뒤, 지브롤터 해협을 운항하는 배로 갈아탄 다음 튀니스(튀니지의 수도 - 옮긴이 주)에서 잠시 쉬었다가 시칠리아로 가는 길이다.

지중해는 한여름이었다. 숨이 멎을 듯한 열기를 품은 뜨거운 남동풍이 스트롬볼리 언덕을 스쳐 불었다. 나는 비 오듯 쏟아지는 땀을 닦으며, 화산 발치에서 팔레르모에서 타고 온 작은 배가 점점 멀어지는 모습을 지켜보았다.

스트롬볼리에 온 것은 이번이 처음이었다. 스트롬볼리는 바다 한가운데에 우뚝 솟은 섬으로, 주기적으로 작은 폭발과 함께 용암을 분출하는 화산이다. 해발 926미터 높이의 스트롬볼리는 세계에서 가장 활발한 활화산 가운데 하나로, 끊임없이 가스와 용암을 뿜어낸다. 화산의 분화는 평균 수십 초에서 수십 분 간격으로, 놀라울 만큼 규칙적으로 일어나기도 한다.

나는 배에서 내리기 전 선주에게 섬을 한 바퀴 돌아 달라고 부탁했다. 섬을 살펴보는 동안 북서쪽 경사면 곳곳에 갈라진 틈이 있는 것을 발견했고, 그 근처에 내려 달라고 했다.

배에서 내리자마자 나는 화산 내부로 이어지는 입구를 찾기 시작했다. 그것은 허허벌판 같은 가파른 경사면 아래에 있었다. 거대한 분화로 생긴 틈이 분명했다.

안으로 들어서자, 귀가 멍해질 정도의 굉음이 끊임없이 울려 퍼지며 땅을 진동시켰다. 불안한 느낌이 들었다. 구불구불 이어진 통로를 따라 백여 미터쯤 걸어가자, 나는 스나이펠스 화산에서 보았던 것과 매우 흡사한 동굴에 이르렀다. 바깥으로 이어지는 지하 갱도는 반쯤 물에 잠겨 있었고, 고인 물 한가운데에서는 푸른 빛이 새어 나오며 갱도 전체를 기묘하게 밝히고 있었다.

나는 그 빛의 근원을 보는 순간, 숨을 삼켰다. 그것은 내가 그토록 찾아 헤매던 잠수함이었다. 잠수함은 컸다. 아니, 거대했다. 양 끝이 원뿔처럼 좁아지는 원통형 선체는 쥘 베른의 소설 《해저 2만리》에 등장하는 네모 선장의 잠수함 '노틸러스호'를 연상시켰다. 그러나 눈앞의 그것은 노틸러스호보다 훨씬 더 위협적인 인상을 주었다.

특히 상부에 설치된 발전기 주변에는 톱날처럼 길고 날카로운 금속 구조물이 촘촘히 배열되어 있었다. 그것은 단순한 장식이 아니었다. 나무로 만든 선박이든, 철로 만든 배든 가리지 않고 단숨에 절단해 버릴 수 있을 것 같은, 명백한 공격용 장치였다.

악마가 이 잠수함을 움직인다면, 전 세계의 모든 배들은 순식간에 산산조각 날 것이다. 최근 신문에 실린 잇따른 난파선 기사들이 문득 떠올랐다. 혹시 그 모든 사고가, 이 잠수함의 공격으로 인한 것은 아닐까 하는 의심이 들었다.

나는 잠수함 가까이 다가갔다. 신중함보다는 호기심이 앞섰다. 하지만 서두르는 통에 발을 헛디뎌 바위에서 미끄러졌고, 그대로 물속으로 첨벙 빠지고 말았다. 살짝 자존심이 상했지만, 다행히 몸은 다치지 않았다. 이왕 물에 젖은 김에 물속에 잠긴 부분을 살펴보기로 했다. 잠수함의 수면 아래쪽에는 어뢰 발사관으로 보이는 회전식 개구부가 있었다. 단순한 이동 수단이 아니라, 명백히 공격을 목적으로 설계된 구조였다.

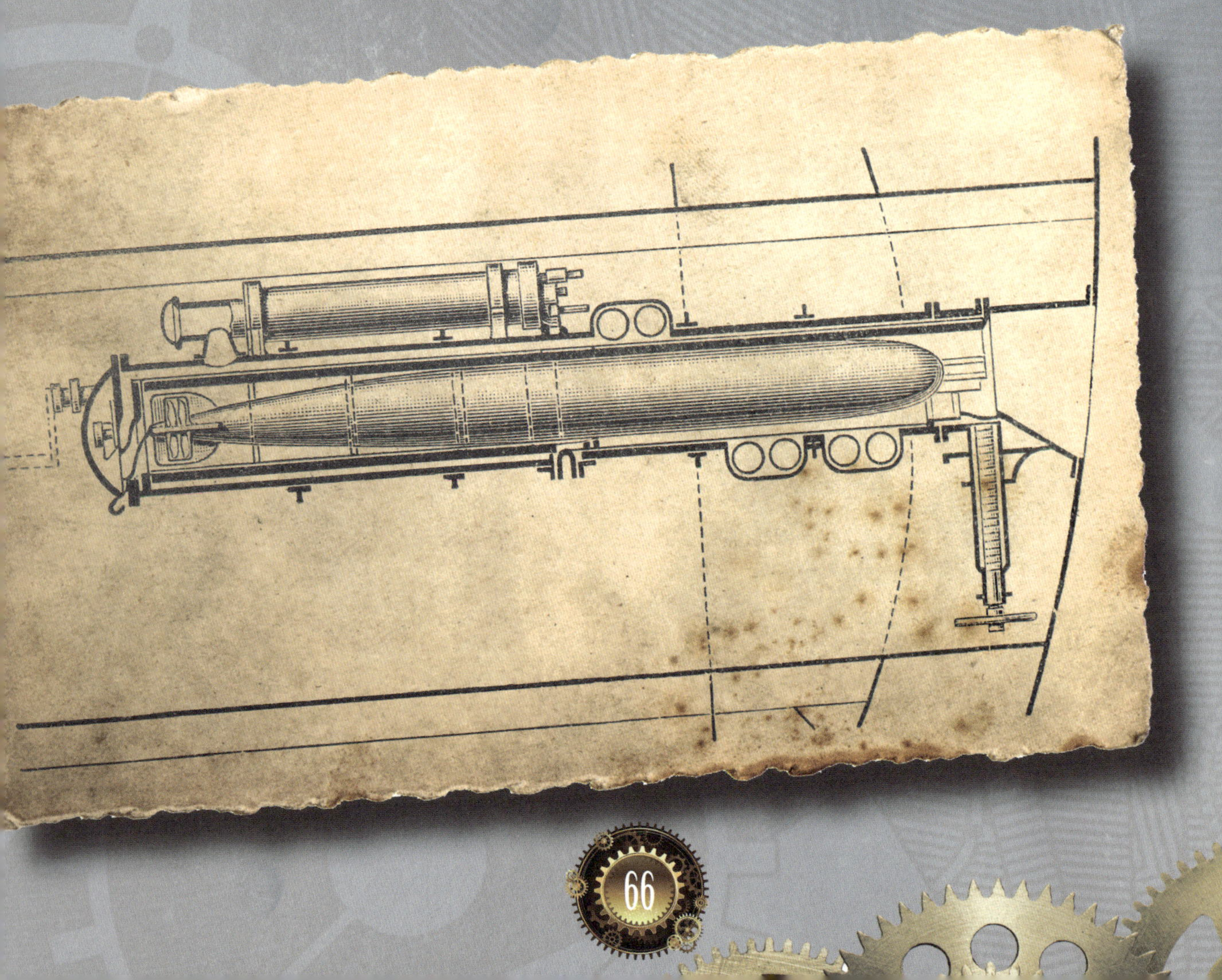

나는 물속에서 나와 잠수함 앞쪽 갑판으로 올라갔다. 그리고 일렬로 늘어선 톱니 옆을 조심스럽게 걸었다. 톱니는 검처럼 날카로웠다. 그 표면에 남아 있는 긁힘과 찌그러진 흔적을 보니, 이미 여러 선박을 공격한 전력이 있음을 짐작할 수 있었다.

손잡이가 달린 해치 하나가 눈에 들어왔다. 나는 망설임 없이 손잡이를 돌려 문을 열었다. 아래로 이어진 철제 계단이 모습을 드러냈다. 나는 《해저 2만리》에 등장하는 노틸러스호의 내부를 떠올리며 잠수함 안으로 내려갔다. 노틸러스호에는 선실과 식당, 주방은 물론 궁전처럼 화려한 거실과 수천 권의 책이 꽂힌 서재까지 갖춰져 있다.

하지만 악마의 잠수함 내부는 전혀 딴판이었다. 썰렁하고 차가운 공기가 가득했으며, 장식이라고 부를 만한 것은 눈을 씻고 봐도 찾아볼 수 없었다. 각종 기계와 용기, 배전반이 복도 중앙을 가득 메우고 있었고, 수많은 관과 전선이 서로 얽혀 복잡한 그물처럼 이어져 있었다.

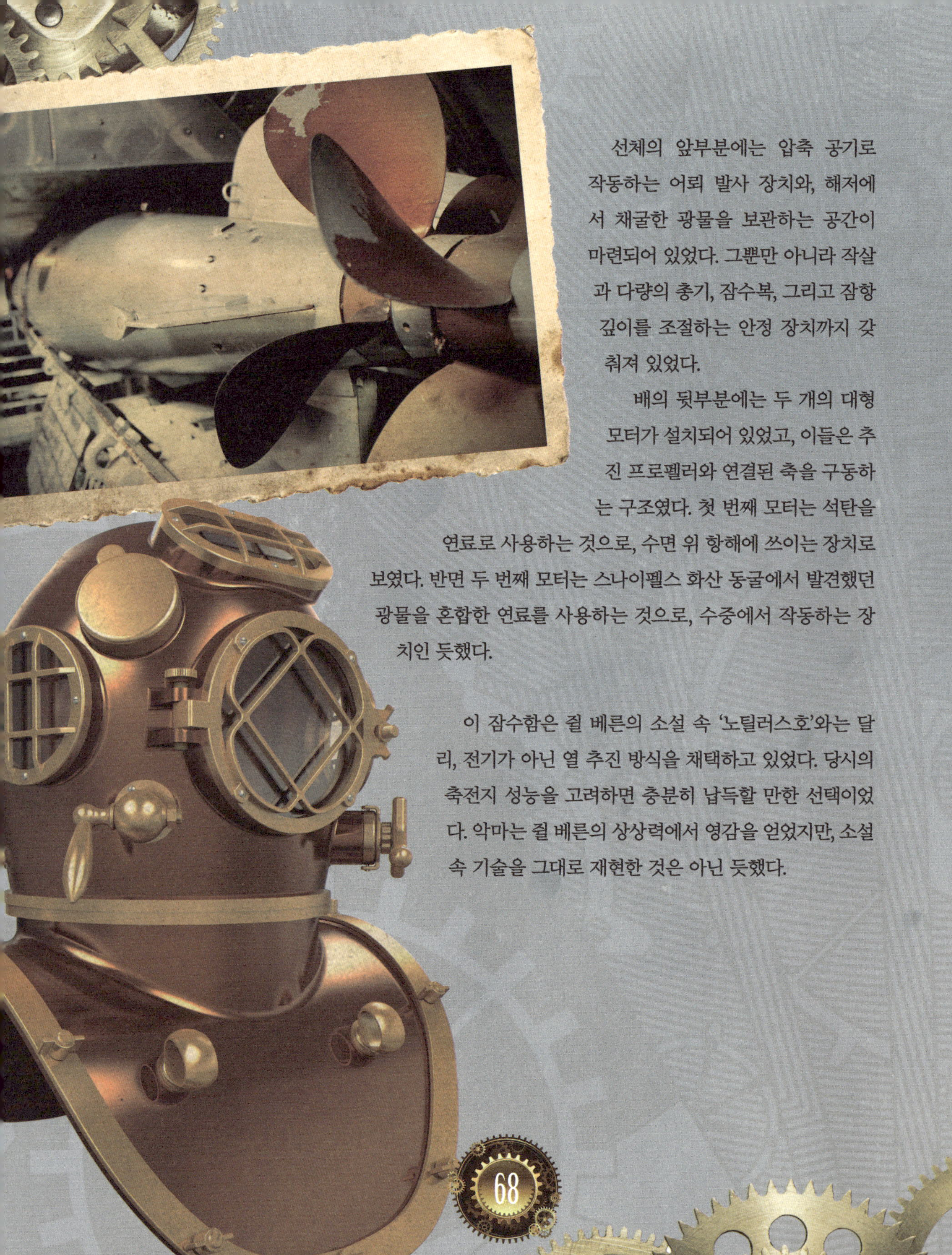

선체의 앞부분에는 압축 공기로 작동하는 어뢰 발사 장치와, 해저에서 채굴한 광물을 보관하는 공간이 마련되어 있었다. 그뿐만 아니라 작살과 다량의 총기, 잠수복, 그리고 잠항 깊이를 조절하는 안정 장치까지 갖춰져 있었다.

배의 뒷부분에는 두 개의 대형 모터가 설치되어 있었고, 이들은 추진 프로펠러와 연결된 축을 구동하는 구조였다. 첫 번째 모터는 석탄을 연료로 사용하는 것으로, 수면 위 항해에 쓰이는 장치로 보였다. 반면 두 번째 모터는 스나이펠스 화산 동굴에서 발견했던 광물을 혼합한 연료를 사용하는 것으로, 수중에서 작동하는 장치인 듯했다.

이 잠수함은 쥘 베른의 소설 속 '노틸러스호'와는 달리, 전기가 아닌 열 추진 방식을 채택하고 있었다. 당시의 축전지 성능을 고려하면 충분히 납득할 만한 선택이었다. 악마는 쥘 베른의 상상력에서 영감을 얻었지만, 소설 속 기술을 그대로 재현한 것은 아닌 듯했다.

승무원 선실에는 열 개 남짓한 작은 침상과 탁자, 의자가 놓여 있었다. 선실의 모습은 내 예상과 크게 다르지 않았다. 악마의 잠수함은 항해를 위한 것이 아니라 전쟁을 위한 것이었기에, 선실은 단지 잠을 자는 용도로만 쓰이는 듯했다.

나는 내부 곳곳을 살피다가 음식과 물, 그리고 포도주를 발견했다. 어림잡아 열 명 남짓한 인원이 몇 주 동안 버틸 수 있는 양이었다. 즉, 이 잠수함은 장기 항해에 적합했으며, 모든 장비 또한 언제든 가동할 수 있도록 준비되어 있었다.

그리고 악마는 혼자가 아니었다. 아무리 뛰어난 천재 과학자라 해도, 이처럼 거대하고 위험한 잠수함을 혼자 만들어낼 수는 없을 것이다. 그 말은 곧, 내가 상대해야 할 대상이 단 한 사람이 아니라 여러 인물이 얽힌 조직이라는 뜻이었다.

문득 이런 의문이 들었다.

승무원들은 어디에 있는 것일까?

만약 그들에게 발각된다면, 수사는 물론 목숨마저 위태로워질 것이다.

나는 잠망경이 설치된 함교에 흩어져 있는 해양 기구들을 살폈다. 항해의 원리에 대해서는 나도 대체로 알고 있다. 항해는 위도와 경도, 두 좌표를 정확히 측정하는 데 달려 있다. 이를 위해 태양, 달, 별의 위치를 매일 기록한 항해력과 위도를 측정하는 기구인 육분의, 그리고 경도를 파악하는 데 쓰이는 정밀 시계 크로노미터가 필요하다.

하지만 물속에서는 사정이 다르다. 해와 별을 관측할 수 없기 때문이다. 나는 이 기구들의 출처를 밝혀내기 위해 하나씩 목록을 작성하기 시작했다. 그것을 통해 악마와 그 일당에게 물자를 공급하는 배후에 대해 더 많은 것을 알아낼 수 있으리라 기대했다.

살펴본 결과, 중요한 해양 기구는 모두 여섯 가지였고, 각각의 출처도 서로 다른 듯했다. 하나같이 정교하게 제작된 물건들이었는데, 그중에서도 특히 눈길을 끈 것은 아름답게 세공된 크로노미터였다. 나는 그것이 어디에서 만들어졌는지 반드시 밝혀내고 싶었다. 하지만 몇몇 기구는 정확한 용도를 바로 짐작하기 어려웠다. 그래서 나는 각 기구의 기능을 분명히 파악하기 위해, 연역 추리의 방식으로 하나씩 따져 보기로 했다.

연역 추리 기법을 이용해
크로노미터의 제작 도시를 밝혀라.

- 나침반은 항로를 정하는 데 사용하며 스페인산이다.
- 해양 지도는 위치를 파악하는 데 사용하며 함부르크에서 인쇄되었다.
- 측심기는 수심을 측정하는 기구로 살라망카에서 제작되었다.
- 위도를 측정하는 육분의는 어느 나라의 수도에서도 생산된 것이 아니다.
- 속도계는 프랑스에서 생산되었다.

	항로	경도	위치	위도	속도	수심	파리	리버풀	살라망카	함부르크	런던	바르셀로나
육분의												
크로노미터												
측심기												
속도계												
나침반												
해양지도												
파리												
리버풀												
살라망카												
함부르크												
런던												
바르셀로나												

다른 것은 몰라도 크로노미터만큼은 반드시 그 출처를 밝혀내고 싶었다. 꼼꼼히 살펴본 결과, 'P.M. St. 104'라는 글자가 깨알같이 새겨져 있었다. 주소임이 틀림없었다. 운이 따른다면 그곳에서 악마와 그의 일당을 만날 수도 있을 것이다. 그러려면 서둘러 영국 런던으로 가야 했다. 하지만 나는 곧 고민에 빠졌다. 이 잠수함은 악마의 범죄를 입증할 결정적인 물증이다. 그것을 이곳에 그대로 두고 떠난다면, 다시는 찾지 못할지도 모른다. 잠시 망설였지만, 결국 이탈리아 당국에 신고하기로 결심했다.

나는 미끄러지지 않도록 조심하며 천천히 동굴 밖으로 나왔다. 밖으로 나오자마자 깊게 숨을 들이마셨다. 수평선을 바라보며 지나가는 배들을 향해 손을 흔들었다. 몇 척은 나를 외면한 채 지나갔지만, 다행히 거룻배 한 척이 나를 알아보고 방향을 틀었다.

시칠리아에 도착하자마자 나는 친절한 농부의 마차를 얻어 타고 팔레르모로 향했다. 해 질 무렵 그곳에 도착하자마자 곧장 경찰서로 달려갔다. 영어가 통하는 경찰관을 찾아 섬에서 발견한 잠수함에 대해 자세히 설명했지만, 그는 내 말을 전혀 믿지 않는 눈치였다. 떨떠름한 표정으로 스트롬볼리 화산에 가서 확인해 보겠다고 했을 뿐이었다.

다음 날 새벽, 나는 항구에서 경찰을 기다렸다. 열 명 남짓한 경찰이 도착했지만, 스트롬볼리까지 동행하겠다는 내 제안은 단번에 거절당했다. 나는 그들이 돌아올 때까지 항구에서 한 발짝도 움직이지 않은 채 기다렸다.

마침내 경찰이 돌아왔다. 그러나 그들의 입에서 나온 말은 충격적이었다. 동굴은 텅 비어 있었고, 아무것도 남아 있지 않았다는 것이었다. 괜한 헛걸음을 하게 만들었다며 오히려 나를 탓하기까지 했다.

악마의 잠수함이 사라졌다. 어떻게 이런 끔찍한 일이 벌어질 수 있단 말인가…

개혁클럽의 크로노미터

　시칠리아를 떠난 뒤로, 하루도 후회하지 않은 날이 없었다. 악마를 쫓는 동안 내가 발견했던 기계와 무기들을 그대로 둔 채 떠나왔다는 사실이 끊임없이 나를 괴롭혔다. 그중에서도 가장 마음을 짓누른 것은 잠수함이었다. 잠시 눈을 뗀 사이, 그 가공할 무기가 다시 바다를 누비고 있을지도 모른다는 생각이 머릿속을 떠나지 않았다. 어떤 배든 가리지 않고 공격할 수 있는 그 무기가, 지금 어디에 있는지조차 알 수 없다는 사실이 나를 더욱 불안하게 만들었다. 나는 그 출항을 막을 수 있었다. 하지만 그러지 못했다. 그 무기를 막지 못했다는 죄책감은 도저히 떨쳐낼 수 없었다.

　한편으로는 의심이 고개를 들었다. 과연 이탈리아 경찰이 약속대로 화산 동굴을 제대로 확인한 것이 맞을까. 혹시 그들 역시 악마와 한패인 것은 아닐까.

　물론 이런 생각이 얼마나 근거 없는 의심인지 나 자신도 잘 알고 있다. 그런데도 스트롬볼리까지 동행하겠다는 나의 제안을 그들이 단칼에 거절했다는 사실만은 쉽게 넘길 수 없었다. 내가 발견하기 전까지는 그 누구도 스트롬볼리 화산에 잠수함 기지가 있다는 사실을 알지 못했다. 어쩌면 이 모든 의심은, 결국 의심으로 끝날 뿐일지도 모른다.

어쨌든 지금까지 알아낸 바로는, 악마
는 뛰어난 지능과 조직력을 갖춘 인물이며 사
회적으로도 상당한 영향력을 지닌 존재였다. 그는
분명 당국의 방해를 피하고자 미리 손을 써 두었을
것이다. 다소 억지스러운 추측일지도 모르지만, 나
는 그런 가능성 또한 염두에 두기로 했다.

나는 아무런 확신도 없이 런던으로 향했다. 파리
를 거쳤지만, 집에는 들르지 않았다. 나를 기다리는
사람은 아무도 없었기 때문이다. 경찰서 역시 마찬가
지였다. 나를 기다리고 있는 일들은 지루하고 무의미
한 것들뿐이었다.

나는 잠수함 함교에서 발견한 크로노미터에 새겨
진 글귀를 곰곰이 떠올렸다. 그것이 정말 주소일까?
그리고 그 주소가 과연 런던의 것일까? 고민이 깊어
질수록 나는 단서를 찾기 위해 다시 쥘 베른의 작품
들을 떠올렸다.

《80일간의 세계 일주》의 주인공 필리어스 포그는 자유롭고 진보적인 사상을 추구하는 '개
혁클럽'의 회원이다. 클럽의 주소는 런던 팰맬가 104번지. 그렇다면 크로노미터에 새겨진 'P. M.
St. 104'라는 표기는, 이 주소를 축약한 것일지도 모른다. 소설에 따르면, 인도에 새로 건설된 철
도로 80일이면 세계 일주가 가능하다는 《모닝 크로니클》의 기사를 읽은 포그는, 이를 직접 증
명하겠다며 재산의 절반을 걸고 클럽 회원들과 내기한다. 그리고 하인 파스파르투를 데리고 시
계 반대 방향으로 세계 일주를 떠난다.

잠수함에서 발견한 크로노미터의 표기가 단순한 우연일 리는 없었다. 분명 악마와 관련이 있
을 것이다. 나는 어쩌면 '개혁클럽'에서 악마를 만나거나, 그와 관련된 단서를 얻게 될지도 모른
다는 생각에 점점 흥분을 감출 수 없었다.

클럽에 도착한 나는 현관문을 밀었다. 그 순간 문을 지키고 있던 경비가 나를 붙잡으며 회원증을 요구했다. 회원증이 없다고 하자 그는 단호하게 길을 막아섰다.

다른 방법을 찾아야 했다. 나는 곧장 마차를 타고 런던 경시청이 있는 화이트홀로 향했다. 몇 년 전 국제 학술회의에서 만난 조지 레스트레이드 경감을 만나기 위해서였다. 뜻밖의 방문이었지만, 그는 나를 반갑게 맞아주었다. 내가 들려준 이야기에 깊은 흥미를 보인 그는 기꺼이 도움을 약속했다.

경감은 곧장 클럽에 전화를 걸어 주었다. 나는 감사 인사를 전한 뒤 다시 팰맬가 104번지로 향했다.

경감의 전화 한 통은 '열려라! 참깨'와도 같았다. 이번에는 클럽의 문이 더 이상 나를 막지 않았다. 나는 잠수함에서 본 크로노미터와 관련된 단서를 찾기 위해 화려한 내부로 들어갔다.

클럽 안을 이곳저곳 살폈지만, 크로노미터와 연관 지을 만한 것은 쉽게 눈에 띄지 않았다. 주변을 기웃거리던 내 모습을 호기심 어린 눈으로 지켜보던 한 젊은이가 다가왔다. 그는 살롱에서 차 한잔하자고 제안했다.

그는 자신을 아서 코난 도일이라고 소개했다. 서른 살 무렵의 그는, 멋진 수염만큼이나 인상적인 인물이었다. 의사이면서 문학을 사랑한다고 했다. 나 또한 문학을 좋아했기에, 우리는 금세 가까워졌다.

코난 도일은 현재 《주홍색 연구》라는 제목의 탐정소설을 집필 중이라고 했다. 이 작품은 존 왓슨이라는 의사가 화자가 되어, 과학적 사실을 바탕으로 사건을 해결하는 탐정 셜록 홈스의 수사 과정을 독자에게 들려주는 방식이라고 했다. 나는 그의 이야기에 금세 빠져들었다.

특히 셜록이 추구하는 과학 수사는 내가 파리에서 실제로 사용하고 있는 수사 방식과도 닮아 있었다. 과거의 수사는 증인의 불확실한 진술이나 용의자의 평판, 사건 관계자들 사이의 관계에 크게 의존하는 경우가 많았다. 그러나 현대적인 과학 수사에서는 그런 추측이나 소문보다 현장에서 발견되는 물적 단서와 증거가 무엇보다 중요하다. 이러한 증거를 통해 증인과 용의자의 진술이 사실인지 아닌지를 가려낼 수 있기 때문이다.

도일과의 대화는 무척 흥미롭고 즐거웠다. 우리는 서로 문제를 내며 논리적 사고를 겨루었다. 그중 하나는 네 개의 괘종시계에 관한 것이었다. 시계들은 각각 14시 30분, 15시 00분, 14시 50분, 14시 20분을 가리키고 있었다. 이 가운데 하나는 20분 빠르고, 하나는 10분 느리며, 하나는 멈춰 있고, 나머지 하나는 정확한 시간을 가리킨다고 한다면 실제 시간은 몇 시일까?

　　시계와 관련된 문제가 나오자, 나는 자연
스럽게 잠수함에서 발견한 크로노미터를 떠
올렸다. 《80일간의 세계 일주》의 주인공 필리어스
포그는 마치 시계추처럼 규칙적으로 움직이는 인물
이다. 나는 그 점을 떠올리며 은근슬쩍 대화의 화제
를 시계 쪽으로 돌렸다.

　　코난 도일은 클럽에 보관된 귀중품들을 보여 주
겠다며 나를 전시실로 데리고 갔다. 전시실에는 아름
답고 값비싸며 희귀한 물건들이 가득했다. 세잔, 고갱,
모네 등 인상주의 화가들의 작품은 물론이고, 버
밍엄에서 제작된 정교한 만년필들도 진열되
어 있었다.

　　코난 도일은 항해에 사용하는
초정밀 기계라며 크로노미터 하
나를 가리켰다. 그것은 내가 잠
수함에서 보았던 것과 완전히
똑같았다. 단 하나 다른 점
이 있다면, 스트롬볼리에서
본 크로노미터에는 1863년이
라는 연도가 새겨져 있지 않았
다는 것이다. 나는 잠시 그 숫자
를 바라보았다. 단순한 제작 연도일
수도 있었지만, 어쩐지 그냥 지나칠 수 없는 표식
처럼 느껴졌다.

《바스커빌가의 개》 셜록 홈스와 헨리 경

이것이 내가 찾던 단서일지도 모른다는 예감이 들었다. 나는 크로노미터의 주인이 누구인지 물었다.

"이 크로노미터는 아르망 부트푀라는 프랑스 회원이 기증한 것입니다."

코난 도일이 차분히 대답했다.

"아르망 부트푀가 지금 클럽에 있습니까?"

나는 조바심을 감추지 못한 채 다시 물었다.

"아니요. 이틀 전, 시칠리아에서 온 전보를 받고 급히 떠났습니다."

그의 말을 듣는 순간, 나는 하마터면 환호성을 지를 뻔했다. 나는 곧 아르망 부트푀가 받은 전보를 확인할 수 있는지 물었다. 도일은 자신도 잘 모르겠다며, 회원들의 물품을 보관하는 관리인에게 문의해 보라고 했다.

《그리스어 통역관》 셜록 홈스와 마이크로프트

코난 도일은 이어서 허버트 조지 웰스(《타임머신》, 《투명인간》 등으로 알려진 영국의 소설가이자 비평가 - 옮긴이 주)와 약속이 있다며 자리를 떴다. 웰스는 다양한 사람들과 교류하기 위해 이 클럽에 가입하기를 희망하고 있다고 했다. 나는 도일에게 감사 인사를 전하며 셜록 홈스 이야기의 성공을 기원했다. 그리고 책이 출간되면 반드시 사서 읽겠다고 약속했다.

《마지막 사건》 셜록 홈스와 모리어티

도일과 헤어진 나는 곧장 로비로 내려가 관리인에게 아르망 부트푀 앞으로 온
전보가 아직 보관되어 있는지 물었다. 나는 이것이 중요한 경찰 업무와 관련된 일이
며, 전보의 수신자가 위험에 처했을 가능성이 있다고 차분하게 설명했다. 경시청의 레스트레이
드 경감의 소개로 내가 이곳에 왔다는 사실을 알고 있는 관리인은, 잠시 망설이다가 마지못해 전
보를 내밀었다. 얼굴에는 여전히 불쾌한 기색이 남아 있었다.

전보의 내용은 전혀 짐작할 수 없었다. 해독 코드 없이는 풀 수 없는 암호문이었다.

이야기 속에서 해독 코드를 찾고,
암호화된 전보를 해독하여 그것이 가리키는 도시를 찾아라.

책장을 넘기지 마시오!
다음 장을 읽으려면, 먼저 이 문제를 풀어야 한다!

전보는 쥘 베른의 소설 《장가다》(나무 어선 또는
항해용 뗏목. '거대한 뗏목'으로 번역되기도 했음. - 옮긴이
주)에 등장하는 방식과 유사한 암호였다. 숫자로 이루어
진 해독 키를 반복해 적용하고, 각 글자를 일정한 간격만
큼 이동시키면 문장의 의미가 드러나는 구조였다.

잠수함이 발각되자 악마의 수하들이 즉시 전보를
쳐 그 사실을 알린 것이 분명했다. 코난 도일의 말이 사
실이라면, 내가 쫓고 있는 악마는 아르망 부트푀일 것이
다. 그가 '개혁클럽'의 회원이라는 점은, 그가 사회적으
로 막강한 영향력을 지닌 인물임을 의미했다.

크로노미터에 해독 코드를 버젓이 새겨 두다니,
악마는 생각보다 훨씬 대담한 자였다. 1863년은 쥘
베른의 『경이의 여행』 시리즈 첫 권인 《기구를 타고
5주간》이 출간된 해다. 쥘 베른의 작품에서 영감을
받아 거대한 대포와 잠수함을 만들어 낸 자라면, 그
숫자를 일부러 선택했을 가능성도 충분했다.
이것은 과연 우연일까.

악마, 아니 아르망 부트푀는 호마카로 향
한 것이 분명했다. 호마카. 한 번도 들어 본 적 없
는 지명이었다. 클럽 안의 도서관이라면, 그곳이 어
디인지 알아낼 수 있을 것이다.

나는 관리인의 불쾌한 시선 따위에는 아랑곳하
지 않은 채 다시 계단을 올라갔다. 서가에 꽂힌 책들
을 훑어보다가 커다란 역사지리서 한 권을 찾아냈다.

책을 펼쳐 확인한 결과, 호마카는 이스터섬 원주
민들이 섬을 부르는 이름이었다.

그 순간, 스나이펠스에서 발견했던 룬 문자 목록이 번뜩 떠올랐다. 그 목록에는 이스터섬
의 화산 가운데 하나인 라노 카우가 적혀 있었다. 스나이펠스와 스트롬볼리에서 보았던 것처
럼, 라노 카우 역시 잠수함의 정박지일 가능성이 컸다. 그렇다면 아르망 부트푀의 목적지는 분
명 라노 카우 화산일 것이다.

하지만 문제는 따로 있었다. 부트푀가 이스터섬으로 떠난 것이 이미 이틀 전이라는 사실
이었다.

목적은 수단을
정당화한다

나는 부트푀와 잠수함을 쫓아 곧장 이스터섬으로 떠날 작정이었다. 러나 이미 이틀이나 뒤처진 상황이었다. 지금 당장 이스터섬으로 향한다 해도, 그 사이 부트푀와 잠수함이 흔적도 없이 사라져 버린다면 어떡한단 말인가. 자칫 다시 단서를 놓친 채 뒤쫓기만 하는 처지가 될지도 모른다.

게다가 내가 맞서야 할 상대는 아르망 부트푀 한 사람이 아니었다. 적어도 열 명이 넘는 무리였다. 감정에 휘둘리기보다는 이성적으로 판단할 필요가 있었다. 지금은 무작정 뒤쫓기보다, 부트푀에 관한 더 많은 정보를 모으는 것이 중요했다.

나는 개혁클럽에 남아 온종일 회원들과 이야기를 나누었다. 회원들의 대다수는 정치인이었지만, 자유직업에 종사하는 사람들도 적지 않았다. 대화 도중 나는 은근슬쩍 아르망 부트푀의 이름을 꺼냈다. 그 과정에서 몇 가지 사실을 알게 되었다. 아르망 부트푀는 세계 곳곳을 여행하며, 가끔 런던에 들르는 인물이었다. 막대한 재력을 지니고 있었고, 여러 분야에 관심이 많았으며 특히 새로운 과학기술에는 돈을 아끼지 않는다고 했다. 그러나 회원들이 공통으로 언급한 특징이 하나 있었다. 그는 과학과 기술에 지나칠 정도로 집착하는 사람이었다. 나는 그 집착이 문득 두려워졌다.

클럽을 나서자, 어느덧 어둠이 내려 있었다. 아르망 부트푀에 대해 더 알아내기로 결심한 나는 런던 경시청으로 향해, 영국인 동료 조지 레스트레이드를 찾아갔다. 마침 퇴근하려던 그는 나를 보자 반갑게 웃으며 피카딜리 서커스에 있는 런던 파빌리온으로 가서 한잔하자고 했다. 그곳은 당시 유행을 이끌던 카바레로, 늘 사람들로 붐비는 곳이었다. 나는 오랜만에 노래와 웃음이 가득한 유쾌한 밤을 보냈다. 오래간만에 느끼는 여유로움에, 하마터면 내가 맡은 임무를 잊을 뻔했다.

카바레를 나오자마자 나는 경감에게 부트푀의 집을 함께 조사해 보자고 조심스럽게 제안했다. 그러나 경감의 반응은 단호했다. 아르망 부트푀는 영국인들의 존경을 받는 인물이며, 정부 고위층과도 밀접한 관계를 맺고 있는 사람으로, 지금까지 어떤 잘못도 저지른 적이 없다는 것이었다. 선을 넘었다는 것을 깨달은 나는 서둘러 농담이었다고 둘러대며 정중히 사과했다.

레스트레이드와 헤어진 뒤, 나는 호텔방으로 돌아왔다. 아르망 부트푀에 대한 수사를 더 진전시키기 위해 내가 떠올릴 방법은 단 하나뿐이었다. 그의 집을 직접 수색하는 것이다.

물론 그가 나를 집으로 초대할 리는 없었다. 그렇다면 선택지는 하나뿐이었다. 몰래 들어가는 것. 경찰로서 무단 침입은 결코 용납될 수 없는 일이다. 그러나 진실을 밝혀내기 위해서라면, 때로는 그 선을 넘을 수밖에 없었다.

나는 호텔 안내데스크로 내려갔다. 직원에게 길에서 우연히 시계를 주웠는데, 아르망 부트 푀라는 이름이 새겨져 있다며 그의 주소를 알아볼 수 있겠느냐고 물었다. 성실하고 봉사 정신이 투철한 직원은 이곳저곳에 전화를 돌린 끝에 마침내 주소가 적힌 종이를 내밀었다. 나는 감사 인사를 전하며 넉넉한 팁을 건넸다.

나는 곧 마차를 타고 종이에 적힌 주소로 향했다. 막 내리려는데 마부가 클러큰웰 지역은 시계로 명성이 자자한 곳이라고 귀뜸해 주었다. 주위를 둘러보자 그의 말뜻을 곧 이해할 수 있었다. 거리 곳곳에 시계 공방과 상점들이 늘어서 있었고, 창문 너머로는 정교한 시계 부품들이 반짝이고 있었다.

나는 부트푀의 집으로 향했다. 그의 집은 최근에 세워진 법원, 미들섹스 세션 하우스 근처에 있었다. 단순하면서도 우아한 건물이었다. '등잔 밑이 어둡다'는 말처럼, 법원 근처야말로 오히려 완벽한 은신처일지도 모른다.

나는 집 주위를 한 바퀴 둘러보았다. 그러다가 정원으로 통하는 문이 살짝 열려 있는 것을 발견했다. 주변에는 아무도 없었다. 나는 좌우를 살핀 뒤 조심스럽게 정원 안으로 들어갔다. 건물 뒤편으로 돌아가 뒷문을 열어 보려 했지만, 문은 꿈쩍도 하지 않았다.

나는 열쇠 따기 장비를 꺼
냈다. 저녁 무렵 경시청을 방
문했을 때 레스트레이드 경감
의 책상 위에 놓여 있던 것을
슬쩍 챙긴 것이다. 경찰로서 결
코 떳떳한 행동은 아니었다. 하
지만 지금의 상황에서는 목적
이 수단을 정당화할 수 있다고
스스로를 설득했다.

나는 잠시 숨을 고른 뒤 자
물쇠에 도구를 밀어 넣었다. 문은
생각보다 쉽게 열렸다. 파리에서
도둑들이 사용하는 자물쇠 따기 방
법을 연구하며 오랫동안 훈련해 온 덕분이었다. 금속이 맞물리는 미묘한 진동이 손끝으로 전해
졌고, 이내 자물쇠가 부드럽게 풀렸다.

나는 조심스럽게 집 안으로 들어갔다. 잠시 걸음을 멈추고 인기척을 살폈다. 집 안은 고요했
다. 들리는 소리는 벽에 걸린 괘종시계의 똑딱거림뿐이었다.

나는 곧장 계단을 올라 2층으로 향했다. 복도 끝에서 서재 문을 발견하고 조심스럽게 열었
다. 서재에는 예상보다 훨씬 많은 서류와 문서가 쌓여 있었다. 책상과 서가 위에는 각종 편지와
보고서, 봉인된 서류철들이 어지럽게 놓여 있었다.

나는 그중 몇 가지 문서를 펼쳐 보았다. 발신인은 대부분 영국 정부 부처였다. 외무부와 해
군성, 그리고 몇몇 과학 기관에서 보낸 자료들이었다. 그 내용을 훑어보는 순간, 나는 중요한 사
실을 깨달았다.

아르망 부트뢰는 단순한 부호가 아니었다. 그는 영국 정부의 여러 기관과 직접 연락을 주고
받을 만큼 막강한 영향력을 지닌 인물이었다.

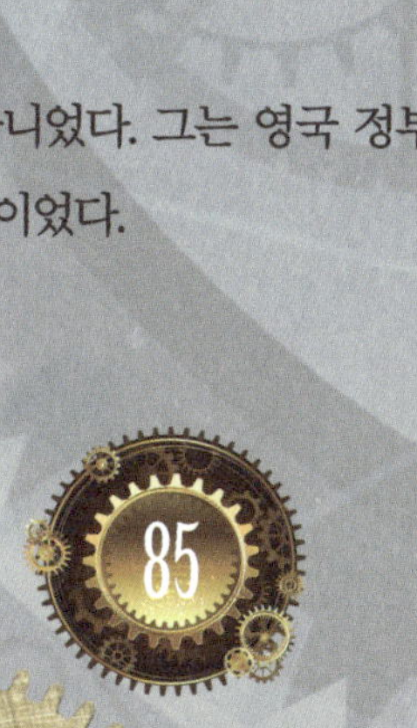

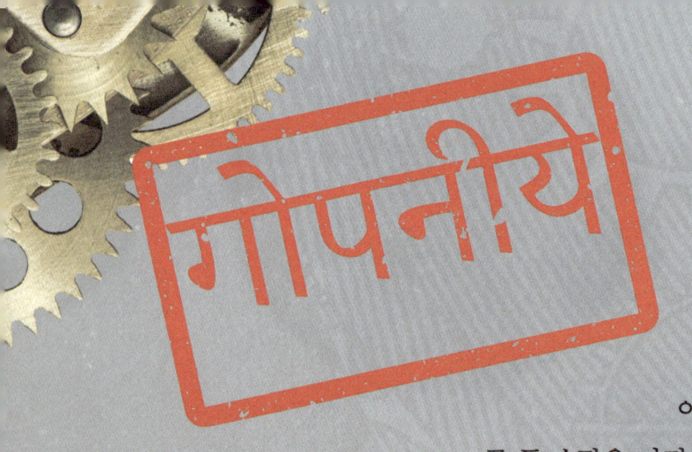

영국만이 아니었다. 부트푀는 독일, 이탈리아, 스페인, 미국, 인도, 러시아, 중국 등 수많은 나라와 끊임없이 우편물을 주고받고 있었다. 책상과 서가 위에는 각국에서 온 편지와 서류들이 산더미처럼 쌓여 있었다. 그것들을 모두 확인하려면 며칠이 걸려도 모자랄 것 같았다. 악마는 분명 여러 나라의 고위층과 긴밀한 관계를 맺고 있었고, 그 관계를 자신의 사업에 능숙하게 이용하고 있는 듯했다.

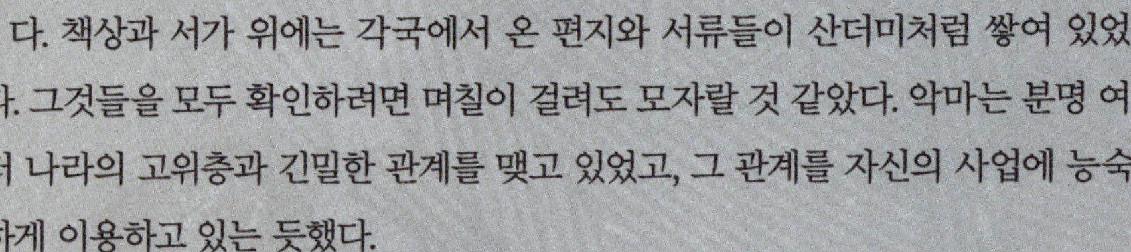

나는 우편물 사이에서 금융 거래와 관련된 문서들도 발견했다. 수많은 거래 기록을 훑어보니, 부트푀가 각종 기계와 산업 자재를 대량으로 주문해 왔다는 사실을 알 수 있었다.

아르망 부트푀는 정말 전쟁을 준비하고 있는 것일까? 아니면 단순히 거대한 무역 사업을 벌이고 있는 것일까? 나는 곧 고개를 저었다. 단순한 무역일 리 없었다. 쥘 베른의 소설을 떠올리는 순간, 아르망 부트푀가 거대한 음모를 꾸미고 있다는 확신이 들었다. 나는 전쟁이 얼마나 깊은 상처와 오래가는 후유증을 남기는지 잘 알고 있다. 어떤 명분을 내세운다 해도 전쟁은 결코 용납될 수 없다.

나는 길게 한숨을 내쉰 뒤 다시 방을 수색하기 시작했다. 그때 책상 뒤쪽 벽에서 이상한 부분이 눈에 들어왔다. 자세히 살펴보니, 벽장 안쪽에 은밀하게 숨겨진 금고가 있었다. 지금까지 한 번도 본 적 없는 형태였다.

금고는 알파벳이 새겨진 네 개의 다이얼로 잠금장치가 작동하는 구조였다. 나는 떠오르는 대로 몇 가지 조합을 맞춰 보았지만, 모두 헛수고였다.

나는 금고에 귀를 바짝 대었다. 글자판을 돌릴 때마다 소리에 집중했다. 오랜 수사 경험으로, 금고 내부의 걸쇠가 마모되면 미묘한 차이를 남긴다는 사실을 알고 있었기 때문이다. 운이 따른다면, 그 소리만으로도 비밀번호를 알아낼 수 있을 것이다.

나는 다이얼을 하나씩 천천히 돌리며 소리를 확인했다. 손끝의 감각과 귀에 스치는 미세한 진동에 온 신경을 집중했다. 몇 번의 시도 끝에, 나는 아주 의미 있는 조합을 찾아냈다.

아래 단서를 바탕으로 다음 도시의 이름을 찾아내라.
단, 정답은 쥘 베른의 언어로 생각해야 한다.

(바른위치 = 알파벳이 맞고, 위치도 바른 것 / 틀린 위치 = 알파벳은 맞지만, 위치는 틀린 것)

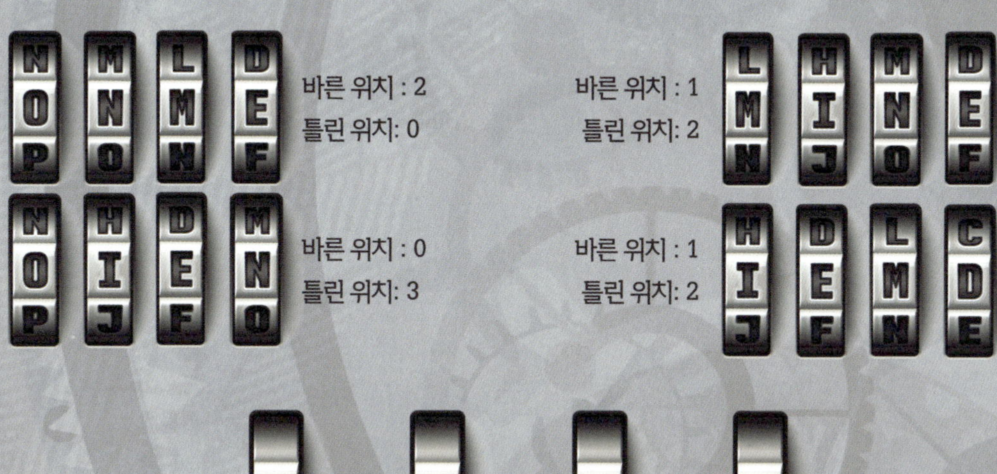

책장을 넘기지 마시오!

다음 장을 읽으려면, 먼저 이 문제를 풀어야 한다!

금고가 열렸다. 나는 전 세계의 금고를 연구하며 보낸 시간이 문득 자랑스럽게 느껴졌다. 다만 그런 노력이 결국 다른 사람의 금고를 여는 데 쓰이고 있다는 사실은 못내 씁쓸했다.

금고의 비밀 코드는 '인도'였다. 나는 곧 쥘 베른의 소설 《스팀 하우스》를 떠올렸다. 어쩌면 아르망 부트푀는 인도에서 어떤 계획을 세우고 있을지도 모른다. 실제로 서재에서 발견한 우편물 가운데에는 인도 캘커타(현 '콜카타' : 인도는 2001년 지역어인 벵골어 발음에 맞춰 콜카타로 공식 변경했다. - 옮긴이 주)에서 온 것들도 있었다. 금고 안에는 금괴와 여러 나라의 지폐, 그리고 서로 다른 회사들이 발행한 무기명 채권들이 들어 있었다. 그 사이에는 여러 장의 신분증도 섞여 있었다. 나는 특히 그 신분증들에 눈길이 갔다.

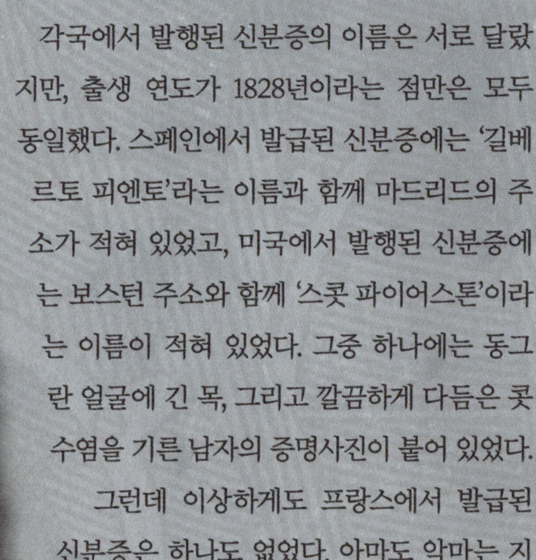

각국에서 발행된 신분증의 이름은 서로 달랐지만, 출생 연도가 1828년이라는 점만은 모두 동일했다. 스페인에서 발급된 신분증에는 '길베르토 피엔토'라는 이름과 함께 마드리드의 주소가 적혀 있었고, 미국에서 발행된 신분증에는 보스턴 주소와 함께 '스콧 파이어스톤'이라는 이름이 적혀 있었다. 그중 하나에는 동그란 얼굴에 긴 목, 그리고 깔끔하게 다듬은 콧수염을 기른 남자의 증명사진이 붙어 있었다.

그런데 이상하게도 프랑스에서 발급된 신분증은 하나도 없었다. 아마도 악마는 지금 '아르망 부트푀'라는 프랑스인의 신분으로 움직이고 있는 것이 분명했다.

마침내 나는 악마의 존재를 입증할 결정적인 증거를 손에 넣었다.

그의 진짜 얼굴이었다!

코끼리의 돌격

1886년 8월 2일, 인도 캘커타

악마의 돈과 신분증을 챙기고 싶은 마음이 굴뚝같았다. 하지만 나는 곧 생각을 바꾸었다. 이미 경찰 신분으로 불법 가택침입까지 한 상황에서 절도까지 저지르는 것은 돌이킬 수 없는 범죄였다. 혹시 붙잡혀 재판을 받게 된다면, 가택침입은 뛰어난 변호사의 도움으로 어떻게든 무마할 수 있을지도 모른다. 그러나 절도는 다르다. 그것은 변명의 여지가 없는 범죄이며, 결국 나 자신도 아르망 부트푀와 다를 바 없는 범죄자가 되고 말 것이다.

게다가 아르망 부트푀가 도난 사실을 알아차리면, 곧바로 위험을 감지하고 자취를 감출지도 모른다. 차라리 지금처럼 아무것도 모른 채 행동하게 두는 편이 훨씬 유리했다. 악마가 스스로 움직이게 내버려두는 편이, 그를 끝까지 추적하는 데에는 더 나은 방법일 수 있었다.

아르망 부트푀는 지금쯤 이스터섬에 있을 것이다. 하지만 그를 쫓아 곧장 이스터섬으로 향하는 것이 과연 옳은 선택일까 하는 회의도 들었다. 그가 그곳에 오래 머문다는 보장은 어디에도 없었다. 그는 전 세계를 돌아다니며 사업을 벌이는 인물이다. 그렇다면 지금 나에게 필요한 것은 성급한 추격이 아니라, 더 신중한 판단일지도 모른다.

　나는 금고 속에 보관된 정보들을 수첩에 꼼꼼히 옮겨 적었다. 그런 다음 책상 위에 흩어져 있던 우편물 가운데 인도에서 온 편지들을 다시 한번 자세히 살폈다. 봉투에 적힌 인도 캘커타의 주소를 수첩에 적어 둔 뒤, 침입 흔적이 남지 않도록 방 안을 최대한 깔끔하게 정리했다. 그리고 반드시 인도에서 악마를 붙잡겠다는 결심을 품고 그의 집을 빠져나왔다.

　다음 날 나는 도버행 첫 열차에 올랐다. 도버에서 정기선을 타고 수에즈까지 간 뒤, 수에즈에서 다시 아라비아반도를 돌아 봄베이(현 '뭄바이' : 영국의 인도 강점 후 영국식으로 개명되었던 봄베이를 원래 이름 뭄바이로 공식 변경했다. - 옮긴이 주)로 향하는 배에 몸을 실었다. 그리고 봄베이에서 인도를 가로질러 벵골만 연안의 캘커타로 가는 기차를 탔다.

　25일에 걸친 긴 여행 동안, 나는 수시로 쥘 베른의 소설 《80일간의 세계 일주》를 떠올렸다. 런던에서 시작된 나의 여정은 소설 속 주인공 필리어스 포그와 그의 하인 장 파스파르투가 선택한 경로와 놀라울 만큼 비슷했고, 걸린 시간 또한 크게 다르지 않았다.

　하지만 한 가지 분명한 차이가 있었다. 그들은 법을 지키며 세계를 여행했지만, 나는 이미 법의 경계를 넘어선 상태였다. 아르망 부트푀의 집에 무단으로 침입해 그의 사적인 물건인 금고까지 열어 보았기 때문이다. 어떤 의미에서는, 나 역시 그들이 쫓던 범죄자들과 다르지 않은 처지였는지도 모른다.

　　내가 부트푀의 우편물에서 베껴 적은 주소는 갠지스강 가에 우뚝 서 있는 저택이었다. 우편물에는 주소와 함께 캘커타 주민 '아만 아그'라는 이름이 적혀 있었다.

　　나는 건물 입구에서 아만 아그를 만나러 왔다고 말했다. 힌두교도 하인이 정중하게 맞이하며, 아그 씨는 장기 여행 중이라 집을 비웠다고 알려 주었다. 그 대답은 전혀 놀랍지 않았다. 나는 하인에게 아그 씨의 동료를 만날 수 있겠느냐고 다시 물었다. 그러자 그는 도시 근교에 있는 다른 주소 하나를 알려 주었다.

　　도시 외곽에 도착한 나는 마치 꿈꾸고 있는 듯한 기분이 들었다. 높은 울타리로 둘러싸인 야자수 숲 한가운데, 거대한 코끼리 한 마리가 서 있었다. 마치 코브라가 머리를 치켜든 것처럼, 코를 높이 들어 올린 모습이었다. 하지만 그것은 살아 있는 코끼리가 아니었다. 강철로 만들어진 기계 코끼리였다. 강철 코끼리의 등에는 망루처럼 보이는 포탑이 세워져 있었고, 거대한 발 아래에는 바퀴가 달려 있었다. 그 뒤에는 장갑차 두 대가 연결되어 있어, 코끼리가 그것들을 끌고 이동할 수 있는 것처럼 보였다.

이럴 수가! 엔지니어 뱅크스의 스팀 하우스가 상상이 아닌 현실이 되어 눈앞에 서 있었다. 나는 어리둥절한 표정으로 그 코끼리를 바라보았다. 내 앞에 당당히 서 있는 스팀 하우스는 쥘 베른이 상상했던 멋스러운 철도용 기차와는 전혀 달랐다. 황금빛 상아도, 화려하고 값비싼 실로 짠 휘장도 없었다. 그것은 장식을 철저히 배제한 채 만들어진, 극도로 단순한 기계 장치였다. 그 모습은 마치 오직 하나의 목적, 전쟁을 위해 만들어진 병기처럼 보였다.

이미 비행기구와 거대한 대포, 잠수함까지 본 뒤라서 나는 강철 코끼리의 존재 자체에는 그리 놀라지 않았다. 그러나 실제 코끼리만큼 거대한 덩치와 육중한 구조는 여전히 압도적이었다. 강철판으로 덮인 몸통은 햇빛을 받아 둔탁하게 빛났고, 관절처럼 이어진 다리는 당장이라도 움직일 수 있을 것처럼 정교하게 만들어져 있었다.

강철 코끼리는 도대체 무엇을 위해 만들어진 것일까. 왜 이런 존재가 필요한 것일까. 소설 속 이야기처럼, 이 강철 코끼리는 이미 히말라야산맥을 넘어 달리고 온 것일까. 수많은 질문이 머릿속을 스쳐 지나갔다.

그때 한 힌두교 젊은이가 나에게 다가왔다. 작업복 차림의 그는 내 얼굴을 한 번 훑어보더니, 망설임 없이 말을 건넸다.

"안녕하세요, 선생님. 점검하러 오셨습니까?"

나는 뜻밖의 질문에 잠시 놀랐다. 가슴이 철렁 내려앉았지만, 겉으로는 아무렇지 않은 척 고개를 끄덕였다.

"음… 물론이지."

"다음 주에 오실 줄 알았습니다. 아그 씨는 함께 오시지 않았습니까?"

"응. 아그 씨가 다른 볼일이 있어, 나에게 모든 것을 맡겼네."

나는 최대한 침착한 표정으로 대답했다.

"알겠습니다. 저를 따라오십시오. 미리 말씀드리지만, 아직 작업이 모두 끝난 것은 아닙니다."

"상관없네. 그대로 보여주게."

가네쉬라는 이름의 젊은이는 코끼리 쪽으로 걸어갔다. 그리고 익숙한 동작으로 사다리를 가리키며, 나에게 위로 올라가 보자고 했다. 나는 최대한 태연한 표정을 지은 채 그의 말을 따랐다.

뜻하지 않은 오해 덕분에, 나는 완성 단계에 들어선 강철 코끼리를 점검하러 온 감독관 행세를 하게 되었다. 예상치 못한 기회였다. 나는 불필요한 말을 삼가고, 가능한 한 입을 열지 않을 작정이었다.

　　코끼리 내부로 들어간 나
는 정밀하게 설치된 금속 막대
와 관, 캠, 기어들을 하나하나 살폈다.
모든 장치는 증기 보일러에 연결된 모
터로 움직이도록 설계되어 있었고, 동
력은 복잡한 기어 장치를 통해 각 부
위로 전달되고 있었다. 연기는 굴뚝 역
할을 하는 코끼리의 코를 통해 밖으로
배출되었다. 말 그대로 거대한 증기 기관
차였다.

　　포탑은 사다리를 통해 올라갈 수 있었
다. 나는 위로 올라가 주변을 둘러보았다.
그곳은 일종의 지휘소였다. 먼 거리까지 관
측할 수 있는 망원경이 설치되어 있었고, 뒤
에 연결된 객차와 교신할 수 있도록 유선
통신 장치도 마련되어 있었다.

　　나는 다시 사다리를 내려와 객차 쪽으로
향했다. 객차는 승객을 위한 공간이 아니라, 전
투를 위해 설계된 장소였다. 대포와 기관총이 사각지대가 생기지 않도록 치밀하게 배치되어 있
었고, 바닥에는 상당량의 포탄과 탄약이 정리된 채 적재되어 있었다.
　　"어떻게 생각하십니까?"
　　등 뒤에서 가네쉬가 물었다.
　　"으음… 인상적이군. 시험해 볼 수 있겠나?"
　　"네, 물론입니다."

　　말이 끝나기가 무섭게 가네쉬가 동료들을 불렀다. 십여 명의 사람들이 순식간
에 모여들어 보일러에 불을 지폈다.

　　잠시 후, 마치 마법처럼 강철 코끼리가 코에서 하얀 증기를 내뿜으며 움직이기 시작했다. 낮게 울리는 기계음과 함께, 거대한 몸체가 서서히 앞으로 밀려 나갔다. 포탑 위에 서 있던 나는 예상보다 빠른 속도에 순간 균형을 잃을 뻔했다. 그 거대한 몸집에도 불구하고, 코끼리는 놀라울 정도로 안정된 움직임을 보였다.

　　코끼리가 지나가는 곳마다 주변은 순식간에 아수라장이 되었다. 우기로 인해 땅은 질척거렸지만, 강철 코끼리는 속도를 거의 줄이지 않은 채 앞으로 밀고 나갔다.

　　나는 냉정하게 사실을 인정할 수밖에 없었다. 악마는 비포장도로에서도 완벽하게 움직일 수 있는 이동 요새를 만들어 낸 것이다. 강철 코끼리를 본 새와 원숭이, 심지어 숲속의 호랑이들까지 겁에 질린 듯 사방으로 달아났다. 이 기계가 전쟁터에 등장했을 때 초래할 막대한 피해를 떠올리자 등골이 서늘해졌다.

　　기지로 돌아온 뒤 나는 가네쉬에게 몇 가지 질문을 던졌다.

　　“이 코끼리를 제작하는 데 필요한 부품과 재료들은 어디에서 가져왔나?”

　　“저는 모릅니다, 선생님. 저는 코끼리를 만드는 책임자일 뿐입니다. 부품은 배와 기차에 실려 오기도 하고, 육로를 통해 운반되기도 합니다.”

　　“다른 코끼리도 만들 계획인가?”

　　“그건 방금 시승하신 코끼리에 대한 선생님의 의견에 달려 있습니다.”

　　“으음… 이 코끼리는 정말 유일무이하군.”

가네쉬는 내 대답이 마음에 든 듯했다. 비록 그가 이 무시무시한 강철 코끼리를 제작한 책임자라고는 해도, 나는 그를 선뜻 비난할 수 없었다. 가네쉬는 그저 주문 받은 것을 성실히 만들어 냈을 뿐이었다. 그에게서는 악의도, 특별한 의도도 느껴지지 않았다. 어쩌면 이것이야말로 악마의 재능인지도 모른다. 아무리 위험한 무기라도, 그저 평범한 기계처럼 보이게 만드는 능력 말이다.

나는 마지막 점검을 핑계 삼아 혼자 코끼리 주변을 천천히 둘러보았다. 겉으로는 기계가 제대로 작동하는지 확인하는 것처럼 보였지만, 실제 목적은 따로 있었다. 이 거대한 기계를 만드는데 사용된 부품과 재료들이 어디에서 왔는지 알아내는 것. 그러나 별다른 소득은 없었다.

나는 코끼리 옆쪽으로 걸어갔다. 그곳에는 성질이 유별난 마카크 원숭이들이 뛰어노는 작은 놀이터가 있었고, 그 주변에는 여러 개의 포장 상자가 쌓여 있었다. 나는 상자들을 하나씩 살펴보았다. 상자에 붙어 있는 우표를 보니, 짐작대로 세계 곳곳에서 배송된 물건들이었다.

우표 대부분에는 영어 소인이 찍혀 있었지만, 그 밖에도 독일어, 스페인어, 중국어, 아랍어, 힌두어로 된 직인이 섞여 있었다. 처음에는 너무 다양한 표식이 뒤엉켜 있어 무엇이 무엇인지 전혀 알 수 없었다. 하지만 조금 더 자세히 들여다보자, 나는 우표 자체가 하나의 단서라는 사실을 깨달았다.

왼쪽 위의 우표에서 출발해 오른쪽 아래의 우표까지 이동하라.
이동할 때는 세로 또는 가로 방향으로 원하는 만큼
칸을 이동할 수 있다. 단, 같은 문양이나
같은 단어가 적힌 우표끼리만 이동할 수 있다.
이 규칙에 따라 이동하며, 지나간 순서대로 알파벳을 적어라.

배달된 물건들의 비용은 모두 수마트라에 사는 어떤 인물이 지급한 것으로 되어 있었다. 코끼리를 제작하는 데 들어간 비용은 분명 어마어마했을 것이다. 그렇다면 그 비용을 감당할 수 있는 사람 역시 막대한 재력을 지닌 인물일 터였다. 혹시 그 사람이 바로 악마가 아닐까.

나는 그 사실을 확인하고 싶은 마음에 서둘러 수마트라로 향하기로 결심했다. 가네쉬에게 작별 인사를 한 뒤, 배를 타기 위해 캘커타 항구로 향했다.

부두를 걸으며 나는 이 도시가 마치 거대한 용광로처럼 들끓고 있다는 느낌을 받았다. 인도 전역에는 여전히 빈곤이 깊게 드리워져 있었지만, 영국령 인도의 수도 캘커타는 활발한 섬유 산업을 바탕으로 눈부신 성장을 이루고 있었다. 거리와 시장 곳곳에는 형형색색의 천이 넘쳐났고, 그로 인해 도시는 마치 수많은 색으로 물든 듯 보였다.

부두에서 나는 수마트라로 향하는 네덜란드 상선을 발견했다. 선장은 나를 승선시키는 조건으로 터무니없이 높은 금액을 요구했다. 그러나 지금의 나에게는 선택의 여지가 없었다.

이른 새벽, 네덜란드 상선은 북회귀선을 지나 적도를 향해 천천히 출항했다.

자연의 분노

1886년 8월 5일, 인도양 벵골만

벵골만 남동쪽에 있는 수마트라섬은 네덜란드령 동인도의 일부로, 그 면적은 영국과 아일랜드를 합친 것보다도 넓다. 한때 영국의 영향권에 있던 이 섬은 영국과 네덜란드가 식민지를 맞교환하면서 결국 네덜란드의 지배 아래 놓이게 되었다.

수마트라 북부의 아체 술탄국은 20년이 넘도록 네덜란드 군대의 가혹한 탄압에 맞서 싸우고 있다. 그러나 술탄국의 통치자인 무하마드 2세 다웃 샤 술탄은 이미 네덜란드의 지배를 인정한 상태였다. 그런데도 저항은 멈추지 않았다. 술탄국의 신하들과 백성들이 네덜란드 정착민들에 맞서 끝없는 게릴라전을 벌이고 있었기 때문이다. 다시 말해, 지금 내가 향하고 있는 곳은 전쟁터 한가운데였다.

배가 수마트라섬을 향해 나아가는 동안, 나는 난간에 기대어 서 있었다. 그리고 문득 내가 직접 참전했던 스당 전투를 떠올렸다. 전쟁이 남긴 참상과 몸에 남은 상처들을 생각하자, 온몸이 부르르 떨렸다.

　나는 죽는 한이 있더라도 두 번 다시 무의미한 전쟁의 광풍에 휩쓸리고 싶지 않았다. 나의 유일한 바람은 악마의 정체를 밝혀내고, 그가 전 세계를 혼란에 빠뜨리기 전에 붙잡아 무장 해제시키는 것이다.

　며칠 뒤, 나는 말레이어로 '왕들의 도시'라는 뜻을 가진 '코타 라자'에 도착했다. 그곳에서는 왕성한 상업 활동을 통해 막대한 부를 축적한 막강한 군사 조직이 존재한다는 소문이 돌고 있었다. 나는 곧장 술탄의 궁전으로 향했다. 강철 코끼리를 제작하는 데 사용된 재료와 관련된 서류에 도장을 찍을 수 있는 사람은 결국 고위 관료들 뿐이기 때문이다.

　궁의 정문에는 거대한 용 조각상들이 세워져 있었다. 높은 담벼락 위에는 무장한 군인들이 보초를 서고 있었고, 곳곳에는 대포까지 설치되어 있었다. 그 모습은 아름다운 건축 양식을 자랑하는 궁전과는 전혀 어울리지 않는 풍경이었다.

　넓은 정원은 높이 자란 야자수와 이국적인 꽃들로 가득해 마치 천상의 정원처럼 보였다. 궁륭과 기둥이 떠받치고 있는 새하얀 궁전, 햇빛을 받아 반짝이는 볼록하게 솟은 바닥, 그리고 우아한 돔 지붕이 서로 조화를 이루고 있었다. 술탄 왕국의 건축이 얼마나 세련되고 아름다운지 한눈에 알 수 있었다.

아쉽게도 나에게는 궁을 드나들 수 있는 출입증이 없었다. 건장한 무장 군인들이 잔뜩 긴장한 표정으로 경비 초소를 지키고 있었다. 아마도 이 지역 곳곳에서 벌어지고 있는 게릴라전 때문일 것이다.

나는 뾰족한 수를 찾지 못한 채, 하는 수 없이 다시 항구 쪽으로 발걸음을 돌렸다.

항구로 향하는 길에서 나는 생각에 잠겼다. 수마트라섬이 술탄과 캘커타에서 보았던 강철 증기 코끼리와 어떤 관계가 있을까? 네덜란드의 식민 지배를 받는 술탄이 악마의 계획을 돕기 위해 막대한 자금을 지원한다는 것은 도무지 이해하기 어려운 일이었다.

술탄이 고민해야 할 문제는 자신이 다스리는 땅, 수마트라 북부 아체 지역의 상황이지 영국령 인도의 수도 캘커타가 아니기 때문이다. 그렇다면 술탄이 아니라 술탄 주변 인물들, 즉 권력에 가까우면서도 막대한 재력을 가진 인물을 찾아야 했다.

나는 오솔길을 따라 걸으며 자연스럽게 주변을 둘러보았다. 길가에는 세상에서 가장 큰 꽃 가운데 하나인 자이언트 라플레시아, 그리고 아모르포팔루스 티타눔이 자라고 있었다. 그 밖에도 거대한 육식 식물과 다양한 종류의 난초들이 숲 곳곳을 장식하고 있었다.

이 이국적인 풍경을 바라보며 나는 쥘 베른의 소설《인도 왕비의 유산》을 떠올렸다. 그 소설은 술탄이 총애하던 왕비의 유산을 상속받은 프랑스인과 독일인 두 주인공의 이야기다. 두 사람은 상속받은 막대한 자금으로 각자의 이상에 따라 '프랑스 빌'이라는 유토피아 도시와 '슈탈슈타트'라는 강철 도시를 건설한다.

항구에는 후추 자루가 산처럼 쌓여 있었다. 유럽에서 불고 있는 후추 열풍 때문에 많은 서구인들이 한몫을 챙기기 위해 이곳 아시아와 오세아니아로 물밀듯이 몰려오고 있었다. 현재 전 세계 후추 생산량의 절반이 이곳 아체 술탄국에서 이루어지고 있으며, 그 가운데 상당량이 네덜란드로 수출되고 있었다.

부두에 정박해 출항을 준비하는 배들을 바라보며, 나는 마치 잘 짜인 한 편의 발레를 보고 있는 것 같은 기분이 들었다. 비록 악마와 그의 활동에 관한 단서는 찾지 못했지만, 묵묵히 자기 일을 해 나가는 사람들의 모습에서 묘한 위안을 느꼈다.

그때였다. 별안간 '쿵' 하는 둔중한 소리가 들렸다. 땅이 흔들리고 건물들이 요동쳤다. 사람들은 머리를 감싼 채 바닥에 웅크려 앉았다. 지진이었다. 나는 머리 위로 쓰러지려는 나무를 재빨리 두 손으로 붙잡았다. 말로만 들었던 지진 앞에서 나는 아무것도 할 수 없었다. 그 순간 인간이 자연 앞에서 얼마나 무력한 존재인지 똑똑히 깨달았다.

건물의 벽이 갈라지고, 금이 간 땅속으로 사람들이 떨어졌다. 여기저기서 불길이 치솟았다. 나는 곧 죽을지도 모른다는 생각에 사로잡혔다. 그 순간, 거짓말처럼 흔들림이 멈췄다.

지진의 충격에서 벗어나는 데에는 시간이 필요했다. 나는 간신히 마음을 추스르고 다시 부두로 향했다. 부둣가의 사람들은 마치 아무 일도 없었던 것처럼 흩어진 물건들을 주워 들며 다시 일을 시작하고 있었다. 방금 전의 공포가 거짓말처럼 느껴질 만큼, 그들의 움직임은 익숙하고 침착했다. 이곳에서는 지진조차 일상적인 일인 듯 보였다.

그때였다. 수평선 위로 하얀 줄무늬 같은 것이 나타났다. 처음에는 바람에 일어난 물결처럼 보였지만, 그것은 점점 더 높아지며 항구를 향해 밀려오고 있었다.

"쓰나미다!"

한 남자가 떨리는 손가락으로 바다를 가리켰다. 나는 해안 지역에서 지진 뒤에 밀려오는 거대한 파도를 '쓰나미'라고 부른다는 사실을 알고 있었다. 머릿속으로는 이해하고 있었지만, 눈앞에서 그것을 마주한 순간 온몸이 굳어 버렸다.

노동자들은 일제히 움직임을 멈추고 바다를 바라보았다. 그리고 다음 순간, 서로를 밀치듯 부두를 벗어나기 위해 달리기 시작했다. 나 역시 사람들을 따라 정신없이 달렸다.

어찌할 바를 몰랐던 나는 사람들과 함께 부두를 벗어나 십여 미터 높이의 구릉으로 몸을 피했다. 숨이 턱까지 차올랐지만 멈출 수 없었다. 그 정도 높이라면 안전할 것이라 믿었다.

잠시 후, 집채만 한 파도가 포효하듯 밀려와 항구를 덮쳤다. 굉음과 함께 물기둥이 치솟았고, 정박해 있던 배들이 순식간에 휩쓸려 사라졌다. 파도는 부두를 넘어 도로까지 삼켜 버렸다.

쓰나미는 몇 분간 이어지다가 거짓말처럼 순식간에 잠잠해졌다. 마치 자연이 인간에게 자신의 힘이 얼마나 압도적인지를 보여 주고, 짧은 경고를 던진 듯했다. 한바탕 격렬한 분노를 쏟아 낸 뒤, 자연은 언제 그랬냐는 듯 다시 고요를 되찾았다.

도로와 부두를 덮쳤던 바닷물은 서서히 빠져나갔고, 항구는 쓰레기와 모래, 진흙이 뒤엉킨 채 처참한 모습으로 드러났다. 다행히 인명 피해는 없는 듯 보였다. 정박해 있던 배들은 여전히 물살에 흔들리고 있었고, 중심을 잃은 평저선들은 심하게 요동쳤다. 화물의 피해도 컸다. 파도에 휩쓸린 상자들이 무너져 내리며, 그 안에 담긴 물건들이 바닥으로 쏟아져 나와 있었다.

나는 그것이 아체에서 교역되는 물품을 파악할 수 있는 절호의 기회라고 생각했다. 서둘러 부두로 돌아가 바닥에 흩어진 물건들을 유심히 살피고, 귀를 기울여 사람들의 대화를 엿들었다. 드러난 화물의 종류와 목적지를 알아내기 위해 하나하나 꼼꼼히 확인했다.

그중에서도 특히 눈에 띈 것은 금속 부품들이었다. 금속 부품이라면, 악마가 제작하는 무기들과 분명 깊은 관련이 있을 터였다.

기계 부품이 실린 배와 그 목적지를 확인하라.

- 커피를 실은 세 개의 돛을 단 배는 미국으로 가지 않는다.
- 후추는 유럽으로 향하며, 돛단배에 실릴 것이다.
- 정크선은 고추를 가득 실은 화물 상자를 싣고 일본으로 향할 것이다.

	증기선	세 개의 돛을 단 배	정크선	증기 돛단배	네덜란드	오리건	폰디체리	혼슈
커피								
후추								
고추								
기계 부품								

유독 기계 부품이 담긴 화물이 눈에 띄었다. 묵직한 상자들이 선적되고 있는 우람한 증기선, 링컨호에 나는 천천히 다가갔다. 그 배는 곧 미국 서부 해안의 오리건주를 향해 출항할 예정이었다. 쓰나미로 인한 피해 때문에 선적 작업은 예상보다 더디게 진행되고 있었다.

나는 그 틈을 이용해 선장에게 다가가 이 화물들이 어디로 배달되는 것인지 물었다. 그러나 아쉽게도 선장은 쓸 만한 정보를 가지고 있지 않았다. 대신 내가 승선할 수 있겠느냐고 묻자, 그는 흔쾌히 허락하며 작은 선실 하나를 내줄 수 있다고 말했다. 물론 그에 상응하는 상당한 비용을 지급하는 것은 당연한 일이었다.

정오 무렵 나는 링컨호에 승선했다. 날씨는 쾌청했다. 이번 항해는 아마도 길어질 것이다. 링컨호는 먼저 수마트라섬을 한 바퀴 돌아 인도네시아의 여러 섬 사이를 지나 북동쪽으로 항로를 잡아 태평양으로 나아갈 예정이었다. 태평양에 들어선 뒤에는 석탄을 보충하고, 추가 화물인 사탕수수를 싣기 위해 잠시 하와이 제도에 정박할 계획이라고 했다. 이후 다시 바다로 나아가 미국 서해안, 오리건을 향해 항해하게 될 것이다.

기계 부품의 최종 목적지를 알아내기 위해서는, 이 항해에 몸을 싣는 수밖에 없었다.

강철의 도시

　필리핀해와 태평양을 건너는 데 거의 한 달이 걸렸다. 항해 중 몇 차례 악천후를 만났지만, 링컨호의 견고함 덕분에 큰 어려움 없이 이를 견뎌낼 수 있었다. 이 배의 프로펠러는 증기기관의 추진력으로 움직였고, 엔진에서 만들어진 강력한 동력 덕분에 별도의 돛은 필요하지 않았다. 전 세계 해상 운송이 돛단배에서 증기기관을 장착한 배로 빠르게 전환되면서, 대량 생산된 물품들이 훨씬 더 빠르고 저렴하게 교역되고 있었다.

　덩치 만큼이나 많은 연료를 소비하는 링컨호는 하와이의 호놀룰루에 잠시 정박해 석탄을 보충하고 추가 화물을 선적했다. 그동안 나는 잠시 배에서 내려 하와이의 자연 풍경을 둘러보았다. 호놀룰루의 바다는 유난히 맑아, 물속의 다채로운 산호와 형형색색의 물고기들이 또렷이 보였다.

　나는 호놀룰루의 풍경을 바라보며 《해저 2만리》에서 노틸러스호를 타고 바다를 탐험하던 아로낙스 박사가 목격한 경이로운 해양 생물들을 떠올렸다. 배가 다시 출항하자, 저 멀리 할레아칼라 화산이 모습을 드러냈다. 할레아칼라는 내가 악마의 해저 기지 중 하나로 의심하고 있는 곳이다.

　쿠즈 베이에 도착한 나는 배에서 내려 하역되는 화물들을 주의 깊게 살폈다. 부두는 쉴 새 없이 움직이고 있었다. 그 가운데 기계 부품이 들어 있는 상자들은 유난히 눈에 띄었다. 묵직한 상자들은 온종일 부두 한쪽에 그대로 놓여 있었다. 반면 호놀룰루에서 선적된 사탕수수 상자들은 도착하자마자 곧바로 수레에 실려 오리건주 최북단의 포틀랜드역으로 운송되었다.

　어김없이 밤이 찾아왔다. 부두의 소음도 점차 잦아들었고, 항구에는 차가운 바닷바람만이 스쳐 지나갔다. 나는 밤을 보내기 위해 항구 사무실로 향하려 했다. 그때 짐수레를 끄는 말들이 기계 부품 상자 쪽으로 몰려가는 것이 보였다.

나는 서둘러 발걸음을 옮겼다. 그리고 유일하게 짐을 나르지 않고 서 있는 남자에게 다가갔다. 그는 노동자들을 지켜보며 간간이 지시를 내리고 있었다. 일꾼들을 관리하는 감독이 분명했다.

"안녕하세요. 이 상자들은 어디로 가나요?"

"당연히 슈탈슈타트죠."

그가 아무렇지 않게 대답했다.

'슈탈슈타트'라는 말을 듣는 순간, 쥘 베른의 소설이 머릿속에 떠올랐다. 《인도 왕비의 유산》에서 왕비의 유산을 상속받은 독일인 슐츠 교수가 건설한 강철 도시의 이름이 바로 슈탈슈타트였다. 나는 올바른 방향으로 가고 있다는 확신이 들었다. 그리고 소설 속 인물 마르셀 브루크만이 강철 도시에 잠입하기 위해 사용했던 전략을 떠올렸다.

"일자리를 찾고 있습니다."

내가 말했다.

"마침, 일손이 부족했는데 잘됐네요. 그런데 몸이 불편해 보이는데, 이런 힘든 일을 할 수 있겠어요?"

감독이 나를 위아래로 훑어보며 물었다.

"맞는 말씀입니다. 몸을 쓰는 일은 어렵지만, 머리를 쓰는 일이라면 자신 있습니다. 재고 관리와 회계 쪽에서 일한 경험이 있습니다."

"좋아요. 우리와 같이 가죠. 잠자리는 제공하겠습니다. 일은 내일부터 시작하는 걸로 하지요. 정식 고용은 일주일 동안 일하는 걸 보고 결정하겠습니다."

"네, 알겠습니다."

　화물을 모두 실은 수레는 쿠즈 베이를 떠났다. 나는 함께 이동하는 노동자들과 이야기를 나누었다. 무표정한 아메리카 인디언, 유쾌한 아일랜드인, 무뚝뚝한 일본인, 그리고 끊임없이 말을 이어가는 수다스러운 스페인 사람이었다. 그들은 모두 독일 뒤셀도르프 출신의 한스 포이어가 건설한 도시, '슈탈슈타트'에서 일하고 있다고 했다.

　'한스 포이어.'

　그 이름은 낯설지 않았다. 런던에서 발견한 금고 속 신분증들 가운데 분명히 그 이름이 적혀 있었다.

　도시는 케이프 아라고 반도에 자리 잡고 있었다. 그러나 도시에 가까워질수록, 그것이 우리가 흔히 생각하는 도시와는 전혀 다른 곳이라는 사실을 깨달았다. 실제 모습은 도시라기보다 거대한 공장지대에 가까웠다. 곳곳에 우뚝 솟은 굴뚝에서는 증기와 연기가 끊임없이 뿜어져 나왔고, 그 연기는 밤하늘의 별들을 완전히 가려버렸다. 둔탁한 금속 소리와 날카로운 기계음이 쉼 없이 귓전을 때렸고, 매캐한 연기 냄새가 코를 찔렀다. 마치 전 세계의 산업혁명을 이곳 한 곳이 도맡아 진행하고 있는 것 같았다.

　단서를 서둘러 찾아야 한다는 조급함과 동시에, 자칫 누군가에게 정체가 들통날지도 모른다는 두려움이 밀려왔다. 나는 오늘 밤만큼은 얌전히 보내기로 했다. 그러나 숙소에 누워서도 동료들의 요란한 코 고는 소리 때문에 좀처럼 잠을 이룰 수 없었다.

　이튿날 아침, 감독이 내게 맡긴 일은 배달된 상자들의 목록을 정리하는 작업이었다. 나는 감독이 시킨 대로 창고에 쌓여 있는 물건들을 하나하나 확인하며 목록을 작성했다.

상자들 속에는 다량의 기계 부품뿐만 아니라 스코틀랜드 에버포일 탄광에서 캐낸 석탄도 들어 있었다. 그 이름을 보는 순간, 또 하나의 연결고리가 떠올랐다. '에버포일' 탄광은 쥘 베른의 소설 《검은 인도》의 배경이 되는 곳이다. 다른 건물에는 옷과 식량 등 강철 도시가 유지되는 데 필요한 물자들이 보관되어 있었다. 그러나 이곳에 도착한 이후로 내 머릿속을 떠나지 않는 질문은 단 하나였다.

이곳에서는 도대체 무엇을 만들고 있는 것일까?

쥘 베른의 소설 《인도 왕비의 유산》에서 슐츠 교수는 자신의 경쟁자인 사라쟁 박사가 건설한 이상도시 프랑스빌을 파괴하기 위해 거대한 대포를 제작한다. 그러나 그 대포는 너무 강력한 나머지, 발사된 포탄이 목표 지점을 넘어 지구 주위를 도는 최초의 인공위성이 되고 만다.

저녁이 되자 동료들은 하나둘 숙소로 돌아갔다. 나는 그 틈을 이용해 제조 공장들을 몰래 둘러보았다. 가장 큰 공장 가운데 하나에서 발견한 광경은 가히 상상을 초월하는 것이었다. 거대한 조립 라인 위에서 생산되고 있는 것은 탬파에서 보았던 바로 그 대포였다. 크기가 조금 작아진 것만 제외하면 구조는 완전히 같았다.

또 다른 건물에서는 강철 코끼리에 버금가는 객차들이 생산되고 있었다. 캘커타에서 본 것과 구조는 거의 동일했지만, 단 하나 다른 점이 있었다. 그곳에서 제작된 것은 코끼리 형태였지만, 이곳에서 생산되는 것은 검은 기차의 모습이었다.

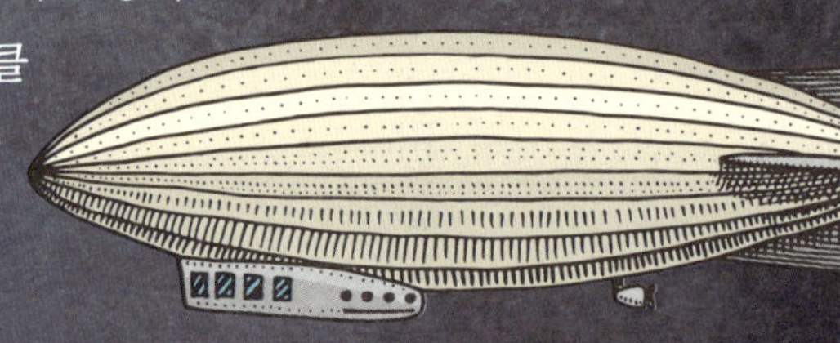

조금 떨어진 건물 하나는 곧장 바다와 연결되어 있었다. 가까이 다가가 살펴보니, 그것은 거대한 조선소였다. 그곳에서는 《해저 2만 리》에 등장하는 노틸러스호에 맞먹을 만큼 거대한 잠수함이 건조되고 있었다. 주변 건물 안에는 권총과 소총을 비롯해 수류탄, 탄약 등 각종 무기를 만드는 데 필요한 부품과 재료들이 가득 쌓여 있었다. 나는 여태껏 그렇게 많은 종류의 무기를 한곳에서 본 적이 없었다.

이 모든 광경을 보고 나니, 쥘 베른의 의심이 결코 과장이 아니라는 생각이 들었다. 악마의 목적은 분명 세계 전쟁이다. 지금까지 내가 목격한 기계와 무기들만으로도, 그는 세계 어느 곳이든 공격할 수 있을 것이다. 그 파괴력 또한 상상하기 어려울 만큼 클 것이다.

악마의 파괴적인 광기를 두 눈으로 확인한 나는 깊은 절망감에 사로잡혔다. 도움을 청할 곳 하나 없는 외딴곳에서, 과연 혼자의 힘으로 이 계획을 막을 수 있을까.

내가 할 수 있는 일은 단 하나였다. 들키지 않도록 몰래 조사를 이어 가며, 가능한 한 많은 정보를 모으는 것이었다.

그러나 곧 이상한 점 하나가 떠올랐다. 이곳의 무기들은 그것을 사용할 사람이 없다면 아무 소용이 없다. 하지만 이곳에서 일하는 사람들은 대부분 단순 노동자였고, 군인으로 보이는 인물은 어디에도 없었다.

　　그렇다면 악마의 군대는 어디에 있는 것일까. 악마를 위해 목숨을 바칠 군인들은 과연 누구인가.

　　그 의문을 곱씹고 있을 때, 문득 과거의 기억이 떠올랐다. 나는 한때 나라를 지키기 위해 프로이센과의 전쟁에 참전한 적이 있었다. 애국심에 불타던 나는 목숨을 걸고 최전선에서 싸웠다.

　　혹시 악마는 자신의 제국을 건설해, 지금의 불안정한 세계 질서를 뒤집으려는 것일까. 그렇다면 누가 그의 편에 서서 전 세계를 상대로 전쟁을 벌이려는 것일까.

　　이런 생각에 잠겨 있던 나는, 근처에 있는 사무실처럼 보이는 작은 오두막이 문득 눈에 들어왔다. 이미 밤이 깊어 안에는 아무도 없었다. 나는 주변을 한 번 둘러본 뒤 조심스럽게 안으로 들어갔다.

　　사무실 안에 쌓여 있는 서류들은 대부분 물품의 특성과 원산지를 기록한 송장과 영수증이었다. 그런데 수많은 서류 더미 사이에서 공책 네 권이 유독 눈에 띄었다. 공책 겉장에는 의미를 알 수 없는 알파벳이 적혀 있었다.

　　공책을 펼쳐 살펴보던 나는, 그 안에 적힌 내용이 군인 훈련 계획서라는 사실을 알게 되었다. 그러나 가장 중요한 정보가 빠져 있었다. 바로 훈련 장소였다.

　　네 권 가운데 한 권의 공책은 겉장이 살짝 떨어져 있었다. 자세히 보니 겉장이 두 겹으로 되어 있었고, 그 사이에 종이 한 장이 숨겨져 있었다.

이 남자는 권력에 눈이 멀었다. 세상이 그의 발 아래 굴복할 때까지, 그는 절대 멈추지 않을 것이다. 그는 혁신적인 기술로 무장한 무기들을 만들어 군대를 조직하고 있다. 그 결과, 셀 수 없이 많은 희생자가 생길 것이다. 세계 곳곳이 고통과 혼란 속에 신음하게 될 것이다.

우연인지 필연인지, 소설 속 주인공과 같은 이름을 가진 나는 앞으로 일어날 이 거대한 혼란에 더 이상 얽히고 싶지 않아 이곳을 떠나기로 했다. 내가 사라진다 해도, 모든 일은 이미 계획된 대로 진행될 것이다. 그가 개발한 무기들은 이곳에 있지만, 그가 양성한 군대는 다른 곳에 있다. 아무것도 모른 채 훈련받으며 용병으로 길러지고 있는 사람들의 훈련 장소를 함부로 밝힐 수는 없다.

대신 나는 네 권의 공책 겉장에, 그 장소를 찾아낼 수 있는 단서를 남겨 두었다.

나는 이제 그가 내게 맡긴 잔혹한 임무를 수행하기 위해 블루아로 떠난다. 나에게 영감을 주었던 사람을 암살하고, 범죄를 은폐하라는 그의 명령을 따르는 척하면서도, 그 임무가 은밀하게 실패하도록 만들 생각이다. 그리고 언젠가 합리적이고 이성적인 누군가가 이 편지를 발견해, 그의 광기를 멈출 수 있는 조처를 해주기 바란다.

1 : R, ~~B~~, ~~G~~, Y
2 : ~~R~~, B, G, Y
3 : R, B, ~~Y~~
4 : R, B, B, ~~G~~, ~~Y~~
5 : ~~R~~, ~~B~~, ~~G~~, ~~Y~~

1886년 2월 8일
케이프 아라고
사라쟁 박사

비밀기록노트

S E H T R K L

비밀기록노트

K E T B I K L

책장을 넘기지 마시오!

다음 장을 읽으려면, 먼저 이 문제를 풀어야 한다!

공책에서 발견한 편지는 엄청난 단서였다. 그 편지에는 한때 악마에게 협력했던 인물이 그의 광기를 깨닫고, 더 이상 그 음모에 가담하지 않겠다는 결심이 담겨 있었다. 다시 말해, 전 세계를 위험에 빠뜨릴 악마의 계획에 맞서는 사람이 나 혼자만은 아니라는 뜻이었다. 하지만 여전히 의문은 남았다. 나는 아미앵에서 산 신문을 꺼내 쥘 베른과 관련된 기사를 다시 읽었다. 편지를 쓴 사람의 말은 사실이었다.

블루아는 쥘 베른의 조카 가스통이 살던 도시였다. 가스통은 가족 몰래 아미앵으로 가 삼촌인 쥘 베른에게 총을 쐈다. 사람들은 그를 미쳤다고 했다. 하지만 나는 그때도 그 말을 믿지 않았다. 내 짐작은 틀리지 않았다. 사라쟁 박사는 그 사건이 일어나기 한 달 전에 편지를 남겼다. 한 달이면 기차와 배를 이용해 프랑스 블루아까지 충분히 이동할 수 있는 시간이다. 그렇다면 가스통이 저지른 그 믿기 힘든 사건이, 편지에서 언급된 잔혹한 임무였을 가능성이 크다.

그러나 악마의 명령과는 달리, 사라쟁 박사는 그 임무를 무위로 돌렸다. 사건을 전혀 다른 방향으로 흘려보낸 것이다. 중요한 사실은 하나였다. 가스통의 범죄 뒤에는 악마의 그림자가 있었다는 점이다.

하지만 여전히 한 가지 질문이 남았다. 왜일까?

나는 또 다른 단서를 찾기 위해 사무실을 뒤졌다. 그러다 사라쟁 박사가 서명한 기록들을 발견했다. 대부분은 처방전이었다. 고통과 피로, 호흡 곤란, 불안을 완화하기 위한 진정제와 진통제, 항우울제 등이었다. 그 엄청난 양을 보고 나는 강철 도시에서 일하는 노동자들의 삶이 얼마나 고단한지 짐작할 수 있었다.

가족을 부양하기 위해 고된 일을 마다하지 않는 노동자들은, 자신들이 만들고 있는 무기가 얼마나 끔찍한 것인지 알지 못한다. 그 무기들이 언젠가 전 세계에 어떤 위협이 될지도 짐작하지 못한다. 그러나 그 누구도 그들을 탓할 수는 없다. 그들은 사랑하는 사람들을 위해, 그저 자신에게 주어진 일을 하고 있을 뿐이다.

진짜 나쁜 자들은 따로 있다. 그것을 알면서도 눈을 감거나, 침묵을 선택하는 자들이다.

알바트로스의 바람

　다음 행선지는 알래스카 남쪽에 있는 섬, 싯카였다. 이른 새벽, 노동자들이 공장을 향해 하나둘 걸어가는 사이 나는 감독을 만나러 갔다. 나는 극심한 다리 통증을 호소하며 더 이상 일을 계속할 수 없겠다고 말했다. 감독은 그럴 줄 알았다는 듯 고개를 끄덕였다. 처음부터 오래 버티지 못할 것이라 여겼던 모양이었다. 그는 별다른 질문도 하지 않았고, 나의 돌연한 사직을 의심하지도 않았다.

　나는 항구로 향하는 빈 수레에 올라타고 쿠즈베이로 돌아갔다. 그리고 포틀랜드까지 갈 수 있는 운송 수단을 찾았다. 미국 서해안은 오랫동안 다른 지역에 비해 비교적 고립된 상태로 남아 있었다. 하지만 얼마 전 개통된 철로로 새로운 흐름이 시작되고 있었다. 로키산맥을 횡단하는 일이 절대 쉽지는 않았지만, 촘촘하게 이어진 철도망 덕분에 내륙 운송은 한결 수월해졌다. 비록 남북전쟁이 끝난 지 얼마 되지 않았지만, 철로를 중심으로 아메리카 대륙은 비약적인 발전을 눈앞에 두고 있었다.

포틀랜드에서 시애틀까지는 기차를 탔다. 그리고 마차를 타고 국경을 넘어 밴쿠버에 이른 뒤, 알래스카로 식료품을 운반하는 마차에 몸을 실었다. 피곤하고 긴 여정이었지만, 넓고 푸른 태평양과 하얀 눈으로 뒤덮인 로키산맥 사이에 펼쳐진 브리티시컬럼비아의 풍경은 그 모든 고단함을 잊게 할 만큼 장관이었다. 마차에는 여러 나라에서 온 사람들이 타고 있었고, 그중에는 앙드레 부르랭귀라는 프랑스인도 있었다.

앙드레와 이야기를 나누며 그는 몇 해 전 새로운 삶을 찾아 프랑스를 떠나 이곳으로 왔다는 사실을 알게 되었다. 내가 경찰이라는 사실을 밝히자 그는 처음에는 몹시 불편해했다. 그러나 내가 자신을 체포하러 온 것이 아니라는 것을 알고 나자 눈에 띄게 안도했다. 분명 숨기고 싶은 과거가 있는 듯했다.

과거가 어떻든 앙드레는 친절한 사람이었다. 그는 1870년 프로이센과의 전쟁에 포수로 참전했던 퇴역 군인이었다. 내 장애가 아군의 오발로 생겼다는 사실을 알고는 깊이 안타까워했다.

한결 마음을 연 그는, 상당
한 급여를 주는 군대가 있다는
이야기를 듣고 싯카로 향하는
길이라고 털어놓았다. 그는 아
무것도 모른 채 악마의 군대에
발을 들이려 하고 있었다. 나는
알고 있는 사실을 털어놓을지
잠시 고민했지만, 자칫 모든
일을 그르칠 수 있다는 생각
에 끝내 입을 다물었다.

마침내 싯카섬이 눈에 들
어왔다. 이미 가을이 시작된
듯 나뭇잎들이 붉게 물들고
있었고, 바람은 차가웠지만
공기는 맑고 투명했다. 멀리 보이

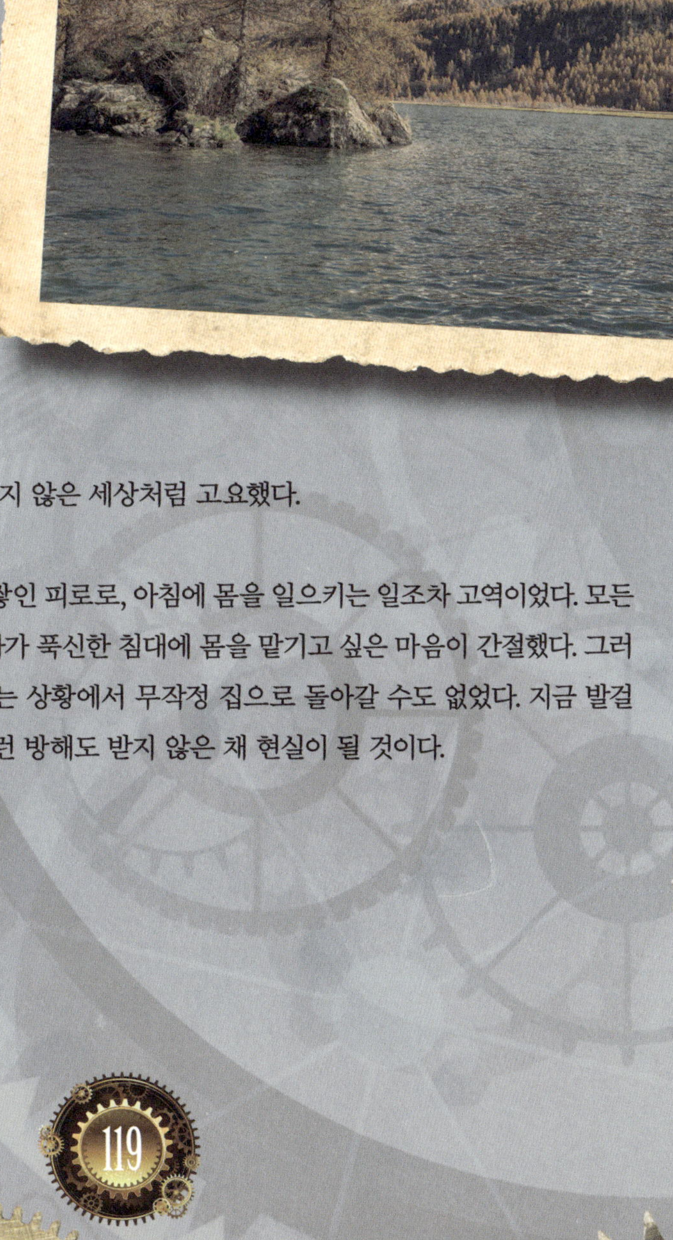

는 숲과 산은 마치 인간의 손길이 닿지 않은 세상처럼 고요했다.

며칠째 이어진 쌀쌀한 밤공기와 쌓인 피로로, 아침에 몸을 일으키는 일조차 고역이었다. 모든
것을 내려놓고 파리의 아파트로 돌아가 푹신한 침대에 몸을 맡기고 싶은 마음이 간절했다. 그러
나 언제 끔찍한 일이 벌어질지 모르는 상황에서 무작정 집으로 돌아갈 수도 없었다. 지금 발걸
음을 멈춘다면, 악마의 계획은 아무런 방해도 받지 않은 채 현실이 될 것이다.

섬에 도착하자 나무 막사들이 줄지어 늘어서 있었고, 그 사이로 거대한 훈련장이 펼쳐져 있었다. 주변 언덕의 나무들은 대부분 베어져 있었고, 넓은 공터는 수천 명이 동시에 훈련할 수 있는 공간으로 사용되고 있었다. 나는 곧장 모병소로 향하는 앙드레에게 행운을 빌었다.

나는 막사 사이를 돌아다니며 훈련소의 규모와 분위기를 살폈다. 사람들의 움직임과 오가는 대화를 주의 깊게 관찰했다. 이곳에는 러시아인과 중국인이 특히 많았다. 그들은 아시아와 아메리카를 가르는 베링 해협을 건너 이곳까지 온 것이 분명했다. 먼 여정을 거쳐 온 그들의 얼굴에는 피로와 긴장, 그리고 어딘가 결연한 표정이 함께 서려 있었다.

베링 해협은 아시아와 북아메리카를 가르는 좁은 바다다. 가장 좁은 곳은 약 80킬로미터에 불과해, 날씨가 좋다면 작은 배로도 충분히 건널 수 있다. 이 해협을 가로막는 특별한 경계선도 없기 때문에, 이처럼 대규모 이동도 어렵지 않았을 것이다.

사람들은 대부분 돈을 벌기 위해 이곳에 모여들었다. 그리고 자신도 모르는 사이, 용병으로 길러지고 있었다. 훈련의 강도와 오리건에서 생산되는 무기의 위력을 생각하면, 악마가 준비하는 전쟁의 규모가 얼마나 거대한지 짐작할 수 있었다.

개중에는 장애물 코스를 넘으며 체력을 단련하는 이들도 있었고, 훈련장 한쪽에는 기묘한 형태의 장비들도 보였다. 그것들은 쥘 베른이 《중국인의 모험》과 《80일간의 세계 일주》에서 묘사했던 발명품과 놀랍도록 닮아 있었다. 외바퀴로 달리는 일륜차와, 돛을 달아 바람을 이용해 미끄러지듯 이동하는 썰매였다.

조금 떨어진 개울 위에는 몇 사람이 몸을 띄운 채 떠 있었다. 가까이서 보니, 그들은 고무 재질의 잠수복을 입고 있었다. 물속에서 오래 버틸 수 있도록 고안된 장비였다. 내가 가장 좋아하는 작가가, 자신도 모르는 사이 악마에게 엄청난 영감을 주었다는 사실을 떠올리자 마음이 무거워졌다.

저녁이 되자 앙드레 부르랭귀가 막사로 돌아왔다. 그는 미소를 지으며 두 팔을 벌리고 나에게 다가왔다.

"너무 행복해요!"

그가 말했다.

"고용되었어요?"

"네. 부대도 정해졌어요. 알바트로스 팀이에요."

"알바트로스요? 그건 새 이름 아닌가요?"

"네. 알바트로스는 공기보다 무겁지만, 새처럼 날 수 있는 거대한 기계예요. 제 말 아시겠죠?"

그 말을 듣는 순간 피에르 쥘 에첼이 준 편지가 떠올랐다. 편지에는 분명 '알바트로스'라는 단어가 적혀 있었다. 하지만 그 편지를 읽을 때만 해도 나는 그 말에 특별한 관심을 기울이지 않았다.

나는 알바트로스가 모든 일의 핵심 단서일지도 모른다는 생각이 들었다. 그러나 머릿속에 떠오르는 것은 거대한 바닷새와 파괴적인 무기의 이미지뿐이었다.

앙드레의 말에 따르면 알바트로스는 풍선처럼 하늘에 떠오를 수 있지만, 공기보다 무거운 기계라고 했다. 몇 달 전까지만 해도 공기보다 무거운 물체가 하늘을 난다는 것은 불가능한 일이라고 생각했다. 그러나 이제 그것이 단순한 편견일지도 모른다는 생각이 들었다. 내가 실현 불가능하다고 믿었던 일을 알바트로스가 해냈을지도 모른다는 생각에 등골이 서늘해졌다.

"그걸 직접 본 적이 있나요?"

내가 물었다.

"아니요. 하지만 정식 훈련을 마치면 보게 될 거라고 했어요."

"대단하네요. 날아다니는 기계를 실제로 본 사람은 있나요?"

"맥그래스 제독이요. 오늘 밤 알바트로스에 관한 메시지를 받은 것 같아요."

"어디에 가면 제독을 만날 수 있죠?"

"저도 잘 몰라요. 훈련장을 돌아다니다 보면 만날 수 있을 거예요. 한쪽 눈에 안대를 하고 있고 기침을 심하게 해요."

"전직 광부인가요?"

"아니요. 퇴역 군인이에요. 남북전쟁 때 남부 동맹군에 있었다고 들었어요."

나는 앙드레에게 인사를 하고 제독을 찾기 위해 훈련장으로 향했다. 어둠이 내려앉을 무렵, 등불 아래에서 그를 발견할 수 있었다. 희미한 등불빛이 바람에 흔들리며 막사 주변을 간신히 밝히고 있었다. 그는 연거푸 기침을 하다가 주머니에서 시계를 꺼내 보더니 '전보실'이라고 적힌 작은 막사 안으로 들어갔다.

나는 조심스럽게 막사 쪽으로 다가갔다. 창문을 통해 보니 제독은 전신기 앞에 앉아 있었다. 그는 계속 기침을 하며 전보가 오기를 기다리고 있었다. 손가락으로 탁자를 천천히 두드리다가, 이따금 고개를 들어 전신기를 노려보듯 바라보았다. 마치 오래전부터 기다리던 소식을 곧 받게 될 사람처럼 보였다. 나는 사람들의 눈에 띄지 않도록 어둠 속에 몸을 숨겼다.

이윽고, 따 따닥 하는 신호음이 울렸다. 맥그래스는 몸을 앞으로 숙이며 서둘러 수신 내용을 받아 적기 시작했다. 나도 재빨리 수첩을 꺼내 전보 내용을 따라 적었다. 하지만 불행하게도 제독의 거친 기침 소리 때문에 중간중간 신호를 놓치고 말았다.

나는 전보에 사용되는 모스 부호를 알지 못했다. 그러나 창문 너머로 보니 벽에 부호표가 붙어 있었는데, 그곳에는 모스 부호와 그것에 해당하는 알파벳이 함께 표시되어 있었다. 나는 그 부호표를 힐끗힐끗 확인하며 들려오는 신호를 글자로 옮기기 위해 안간힘을 썼다.

A	B	C	D	E	F	G	H	I	J
.-	-...	-.-.	-..	.	..-.	--.	....	..	.---

K	L	M	N	O	P	Q	R	S	T
-.-	.-..	--	-.	---	.--.	--.-	.-.	...	-

U	V	W	X	Y	Z	.	,	?	!
..-	...-	.--	-..-	-.--	--..	.-.-.-	--..--	..--..	-.-.--

0	1	2	3	4	5	6	7	8	9
-----	.----	..---	...--	....-	.....	-....	--...	---..	----.

맥그래스 제독이 받은 전보를 해독하여
문제의 도시를 밝혀내라.

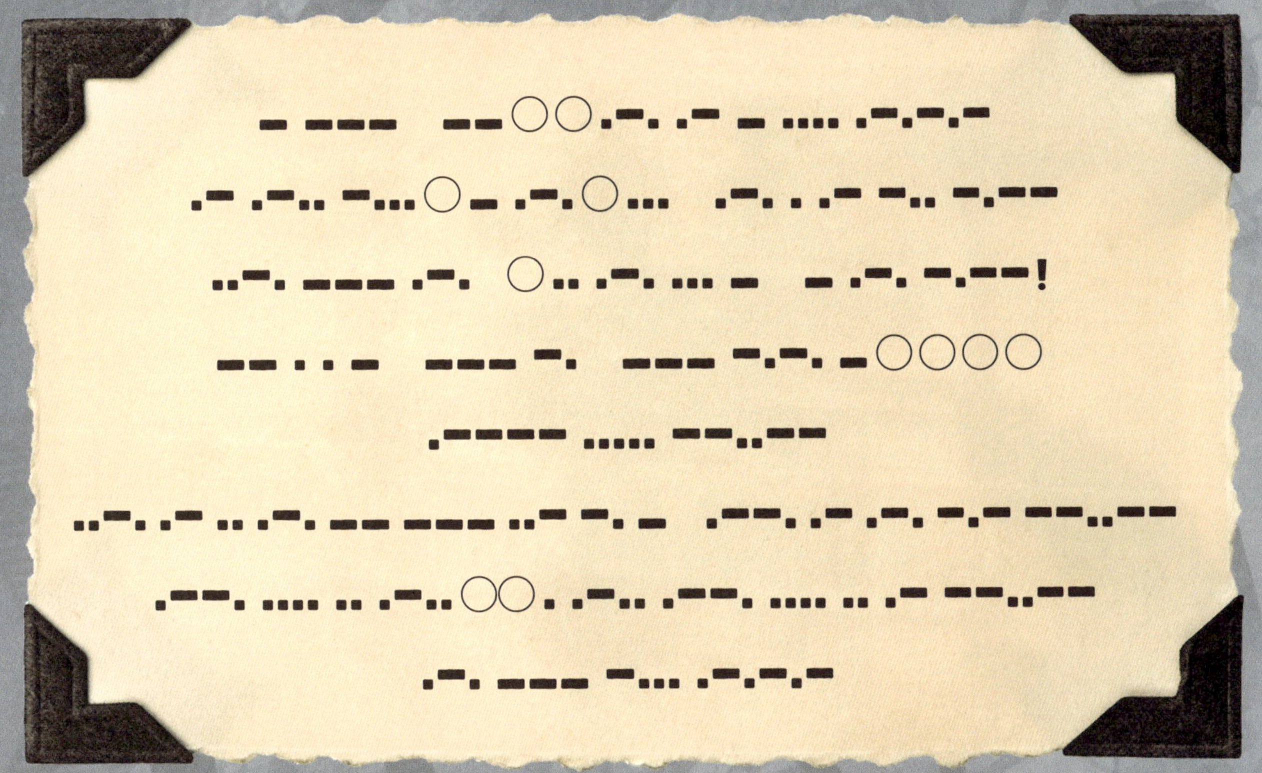

제독은 수신기가 멈추자 자리에
서 일어났다. 나는 그에게 들키지 않
도록 더 깊은 어둠 속으로 몸을 숨겼
다. 잠시 후, 내가 숨어 있는 쪽을 향해
제독이 요란하게 기침을 했다. 그리고
남북전쟁 당시 남부 연합군의 행진곡
이었던 '딕시'를 휘파람으로 불며 천천
히 발걸음을 옮겼다. 제독의 모습이 시
야에서 완전히 사라진 다음, 나는 얼굴
에 맺힌 땀을 닦으며 어둠에서 나왔다.

나는 알바트로스의 실체를 반드시 확
인해야 했다. 그것이 끔찍한 전쟁 무기라는 사실은 이미 분명해 보였다. 공기보다 무거운 기계가
하늘을 날 수 있다면, 그것은 단순한 발명을 넘어선 엄청난 기술 혁명이었다. 동력 엔진을 장착
한 '아비옹'으로 비행을 시도했던 프랑스인 클레망 아데르의 계획보다도 훨씬 더 놀랍고, 쉽게
상상하기 어려운 일이었다.

싯카에서 알아낼 수 있는 정보는 이미 충분히 확보한 듯했다. 더 머문다고 해서 새로운 단서
를 얻을 수 있을 것 같지 않았다. 오히려 잘못하다가는 정체가 드러날 위험만 커질 뿐이었다. 가
능한 한 빨리 이 섬을 떠나는 것이 현명했다. 지도를 보니, 직선거리로도 싯카에서 필라델피아까
지는 수천 킬로미터에 달했다. 결국 차량이나 기차를 이용해 긴 여정을 이어가야 한다.
그나마 다행인 점은 알바트로스가 아직 단 한 번도 비행한 적이 없다는 사실이었다. 다시 말
해, 그것을 찾아낼 시간은 아직 남아 있었다.

하늘을 나는 배

장거리 여행이었지만 필라델피아까지 비교적 편안했다. 시애틀까지는 목재를 실은 수송 차량에 몸을 실었고, 그 이후부터는 줄곧 기차로 이동했다. 거칠고 가파른 산악 지대를 지나야 했지만, 수십 년에 걸쳐 구축된 철도망 덕분에 미국의 철도는 안정적으로 운영되고 있었다.

로키산맥을 횡단한 뒤, 새로 개통된 북태평양 노선을 따라 미주리주로 향했다. 세인트폴에서 다시 기차를 갈아타 시카고로 이동했고, 클리블랜드를 거쳐 동부 해안을 따라 달리는 열차에 올랐다. 그리고 보스턴역에서 마지막으로 기차를 갈아탄 뒤, 마침내 최종 목적지인 필라델피아에 도착했다.

뉴욕을 지나는 동안, 저 멀리 우뚝 솟은 자유의 여신상이 눈에 들어왔다. 완공된 이후 항구를 밝히는 여신상의 햇불은 전 세계에서 몰려드는 수많은 이민자에게 희망의 빛이 되고 있었다.

그 순간, 문득 내가 진짜 세계 일주를 하고 있다는 사실을 깨달았다.

"시간은 개의치 말게."

쥘 베른이 서재 열쇠를 건네며 했던 말이었다. 그때는 그 뜻을 온전히 이해하지 못했다. 그러나 이제는 알 것 같았다. 7개월이라는 시간 동안 악마를 추적하며 이어 온 이 여정은, 나에게 하나의 개인적인 오디세이였다. 오디세우스가 그랬듯, 언제, 그리고 얼마나 많은 사건을 겪어야 집으로 돌아갈 수 있을지 알 수 없었다. 그럼에도 나는 쥘 베른이 맡긴 사명을 완수하기 위해 어떤 난관도 헤쳐 나갈 준비가 되어 있었다.

필라델피아 거리를 걷는 동안, 나는 전 세계 사람들이 모여들어 용광로처럼 끓어오르는 이 도시의 분위기에 금세 빠져들었다. 필라델피아는 미연방에서 가장 인구가 많은 도시 중 하나였으며, 조지 워싱턴의 뒤를 이은 대통령 존 애덤스가 백악관을 관저로 사용하기 전까지 미국의 수도였던 곳이기도 하다.

1876년에는 이곳에서 미국 독립 100주년을 기념하는 대규모 박람회가 열렸다. 그 박람회에서는 자유의 여신상이 들고 있는 햇불이 먼저 전시되었다고 한다. 그리고 10년이 지난 지금, 자유의 여신상은 뉴욕 항구에 서서 절망에서 벗어나려는 이들에게 여전히 희망의 빛을 비추고 있었다.

나는 미국 독립선언문이 서명된 독립기념관 앞을 지나갔다. 1776년, 영국의 13개 식민지 대표가 토머스 제퍼슨이 기초한 선언문에 서명하며 독립을 선언했던 바로 그곳이다. 오래된 붉은 벽돌 건물은 조용히 서 있었지만, 그 역사적 순간을 떠올리자 묘한 긴장감이 감돌았다.

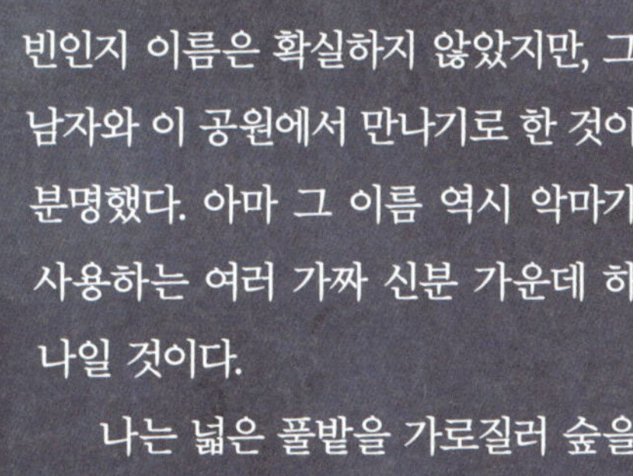

나는 곧 페어마운트 공원에 도착했다. 공원에는 눈에 띄는 특별한 것은 없었다. 끝없이 펼쳐진 초록빛 잔디밭은 시끌벅적한 시내와는 전혀 다른, 깊은 고요 속에 잠겨 있었다.

나는 맥그래스가 받은 전보를 거의 정확히 해독해 두었다. 제독은 롭인지, 로버트인지, 로빈인지 이름은 확실하지 않았지만, 그 남자와 이 공원에서 만나기로 한 것이 분명했다. 아마 그 이름 역시 악마가 사용하는 여러 가짜 신분 가운데 하나일 것이다.

나는 넓은 풀밭을 가로질러 숲을 둘러싼 낮은 울타리를 넘어갔다. 한 발 한 발 내디딜 때마다 발밑에서 마른 나뭇잎이 사각사각 부서졌다. 혹시라도 누군가에게 들키지 않을까 신경이 곤두섰다. 나는 울창한 나무들을 방패 삼아, 숨을 죽인 채 천천히 걸음을 옮겼다.

갑자기 커다란 물체가 앞을 가로막았다. 오솔길 한가운데에 기이한 형상이 떡하니 버티고 서 있었다. 언뜻 보기에는 좌초한 배처럼 보였다. 챙 넓은 모자처럼 생긴 프로펠러들이 셀 수 없이 많은 돛대에 수평으로 달려 있었고, 선수와 선미에도 각각 추진용 프로펠러가 하나씩 장착되어 있었다. 완전히 새로운 형태의 배였다.

겉모습은 배와 비슷했지만, 이 기계는 바다를 항해하기 위한 것이 아니었다. 하늘을 나는 것을 목적으로 만들어진 비행선이었다. 경이로운 장치였다. 악마의 계획대로 이 비행선이 실제로 하늘을 난다면, 사람들을 공포에 몰아넣기에 충분할 것이다. 선미는 코뿔소의 뿔처럼 날카롭게 다듬어져 있어, 어떤 장애물도 단숨에 꿰뚫을 수 있을 것처럼 보였다.

나는 숨을 깊이 들이마신 뒤 귀를 기울였다. 새소리 외에는 아무것도 들리지 않았다. 조심스럽게 비행선으로 다가가 선체에 기대어 놓인 사다리를 타고 위로 올라갔다. 갑판은 여느 돛단배와 크게 다르지 않았지만, 선실의 배 옆문에서 새어 나오는 희미한 불빛이 갑판 위를 은은하게 비추고 있었다.

비행선의 조종실은 선미 전체를 차지하고 있었다. 수많은 돛대는 촘촘한 거미줄처럼 얽힌 가느다란 케이블로 서로 연결되어 있었다. 가까이서 살펴볼수록, 이 비행선이 어떤 재료로 만들어졌는지 궁금해졌다. 겉보기에는 가벼워 보였지만, 손으로 두드려 보니 놀랄 만큼 단단했다.

　　나는 배 양쪽 난간에 뚫린 구멍을 보는 순간, 온몸에 소름이 돋았다. 대포를 설치하기 위한 포문이었다.

　　싯카에서 받은 전보를 통해 이 비행선이 아직 한 번도 비행한 적이 없다는 사실을 알고 있었다. 그러니 시험 비행을 앞두고 불필요한 짐을 싣지 않은 것도 당연했다. 그러나 악마가 전쟁을 시작하는 순간, 이 비행선은 대포와 포탄, 화약으로 가득 채워질 것이다.

　　비행선은 도대체 어떤 원리로 움직이는 걸까. 나도 모르게 호기심이 일었다. 이 거대한 기계를 움직일 동력은 어디에서 나오는 것일까. 비행선에는 굴뚝이 하나도 보이지 않았고, 석탄과 같은 연료의 흔적도 찾을 수 없었다. 그렇다면 이 수많은 프로펠러를 무엇으로 구동하는 것일까.

　　나는 선창으로 내려갔다. 그곳에는 지금까지 한 번도 본 적 없는 기계가 놓여 있었다. 기계의 기능을 파악하는 데에는 꽤 오랜 시간이 걸렸다. 그것은 거대한 전기 발전기였다. 그러나 생산된 에너지를 어떻게 저장하고 사용하는지, 그 원리까지는 끝내 알아낼 수 없었다.

　　나는 한동안 그 기계를 뚫어지게 바라보았다. 악마가 '노틸러스호'의 복제품을 만들어낸 것은 열 추진 기술 덕분이었다. 그는 네모 선장처럼 화산 광석을 이용해 산소를 만들어내는 연료 시스템을 완성했다. 그리고 알바트로스를 통해, 이제는 새로운 전기 기술까지 자유롭게 다룰 수 있는 단계에 이른 것이다. 악마가 상상을 현실로 만들어냈다는 사실만큼은, 인정하지 않을 수 없었다.

악마를 추격할수록, 나도 모르게 그의 명민함에 점점 빠져들었다. 언제부턴가 그를 직접 대면하고 싶다는 마음이 간절해졌다. 그가 만들어 낸 위험하고 끔찍한 무기들에서조차, 나는 묘한 경이로움을 느끼고 있었다.

어떻게 해야 악마를 만날 수 있을까. 필라델피아에 없다면 그는 지금 어디에 있을까. 여전히 이스터섬에 머물고 있을까. 그럴 가능성은 거의 없었다. 악마의 잠수함이 스트롬볼리를 떠난 것은 이미 몇 달 전의 일이었다. 그렇다고 해서, 그가 잠수함을 타고 이곳에서 멀지 않은 델라웨어 해안 어딘가를 잠행하고 있을 가능성까지 완전히 배제할 수는 없었다.

악마는 수년 전부터 자신이 개발한 무기들을 세계 곳곳에 배치해 왔다. 그는 한곳에 머무르지 않고 끊임없이 이동한다. 그래서 그를 붙잡는 일은 더욱 어려웠다. 흔적을 남기지 않는 것, 그것이 그의 방식이었다.

그때 구석에 놓인 쇠붙이 조각 하나가 눈에 들어왔다. 금속처럼 보였지만, 이상할 정도로 가볍고 단단했다. 알바트로스를 만드는 데 사용된 재료임이 분명했다. 나는 그 조각을 집어 들어 이리저리 살펴보았다. 그러고 나서야 그것이 진짜 금속이 아니라, 수많은 종이를 겹겹이 덧대 압축한 것이라는 사실을 알아차렸다. 겉보기에는 가벼웠지만, 엄청난 하중을 견딜 만큼 단단했다. 종이로 만들어졌음에도 변형이나 압축, 휨과 절단 같은 온갖 압력을 버텨내고 있었다. 악마는 초경량이면서도 초강도의 재료 개발에 성공한 것이었다.

나는 문득 생각했다. 이 재료를 경찰이 사용하는 방탄조끼에 적용할 수 있다면 얼마나 좋을까 하고. 총탄을 막아낼 만큼 단단하면서도 가볍다면, 수많은 생명을 구할 수도 있을 것이다.

나는 손톱으로 종이 한 장을 조심스럽게 떼어냈다. 한 장, 두 장, 겹겹이 쌓인 종이를 하나씩 벗겨냈다. 그렇게 떼어낸 종이를 살피던 중, 뒷면에 인쇄된 워터마크가 눈에 들어왔다. 희미한 빛에 비추자, 글자가 또렷하게 드러났다. 종이를 공급한 회사 이름이 분명했다.

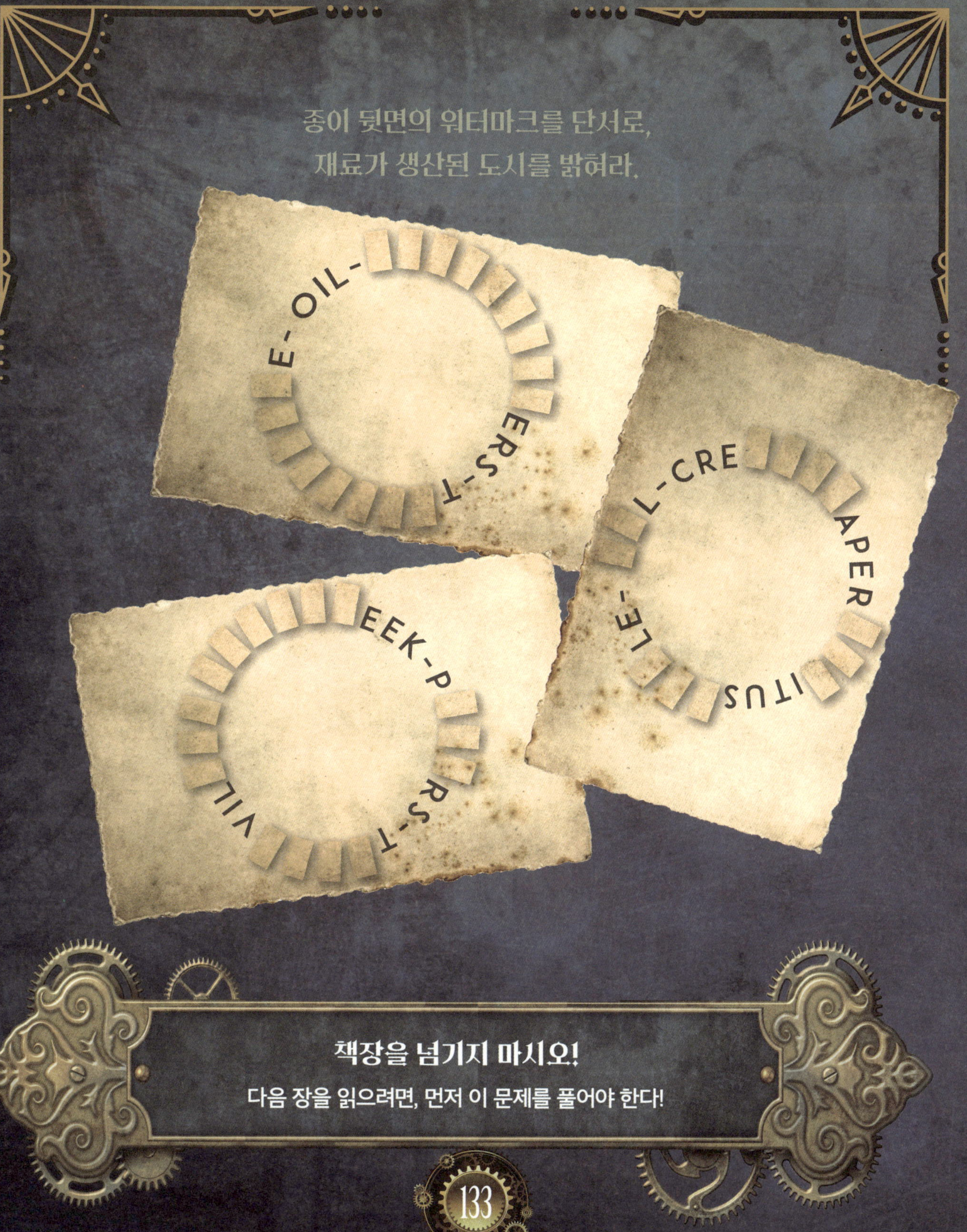

책장을 넘기지 마시오!

다음 장을 읽으려면, 먼저 이 문제를 풀어야 한다!

나는 장기간 미국을 여행하는 동안 틈날 때마다 지도를 펼쳐 광활한 아메리카 대륙을 살펴보며 지리를 익혀 두었다.

타이터스빌은 필라델피아나 워싱턴, 시애틀 같은 대도시는 아니지만, 이리호에서 멀지 않은 펜실베이니아주에 있다는 것을 어렴풋이 기억해 냈다. 같은 이름을 가진 도시가 플로리다와 뉴저지에도 있다는 사실도 함께 떠올랐다.

강철 종이를 생산하는 타이터스빌로 가려면 보스턴까지 기차를 탄 뒤, 클리블랜드 라인으로 갈아타야 한다. 거리가 몇백 킬로미터에 불과해 북서쪽으로 이어진 도로를 따라 마차나 역마차를 이용해 갈 수도 있었다. 지금까지의 여정에 비하면, 엎어지면 코 닿을 거리나 다름없었다. 그러나 체력을 아껴야 했고, 갈수록 심해지는 다리 통증을 생각해 결국 기차를 타기로 했다.

악마의 뒤를 좇기 시작한 이후, 그가 쥘 베른의 소설에서 영감을 얻지 않고 만들어 낸 것은 알바트로스가 처음이었다. 나는 잠시 그것을 파괴할까 하는 생각도 했다. 그러나 곧 마음을 접었다. 악마는 막대한 재력을 지닌 인물이다. 알바트로스 하나를 잃는다 해도, 얼마 지나지 않아 또 다른 비행선을 만들어 낼 것이 분명했다.

그보다 더 중요한 것은, 내가 그의 뒤를 좇고 있다는 사실을 들키지 않는 것이었다. 악마가 경계하기 시작하는 순간, 지금까지 얻은 단서들은 순식간에 사라질 것이다.

불꽃 튀는 만남

나는 기차를 타고 타이터스빌에 도착했다. 필라델피아나 뉴욕에 비하면 아주 작은 도시였지만, 철도 건설 덕분에 빠르게 성장하고 있었다. 그 변화의 이유는 단 하나였다.

'검은 황금', 석유의 발견이었다.

타이터스빌은 '제독'이라 불리던 에드윈 드레이크가 1859년 8월 27일, 최초로 석유층을 시추한 오일 크리크 연안에 자리한 도시다. 이 사건은 미국 석유 산업의 시작을 알린 역사적인 전환점으로 기록되어 있다. 드레이크의 굴착 방식은 곧 석유 시추 기술의 기본이 되었다. 강철 파이프를 여러 개 연결해 만든 드라이브 파이프 안으로 드릴 비트를 내려보내고, 증기 엔진의 힘으로 지층을 뚫는 방식이었다.

석유 생산 초기에는 채굴된 원유를 나무 배럴 통에 담아 마차나 강을 통해 운반했다. 그러나 생산량이 급격히 늘어나면서 기존의 운송 방식으로는 감당할 수 없게 되었다. 결국 대륙 간 철도망과 연결되는 철로가 서둘러 건설되기 시작했다.

마침내 6년에 걸친 공사 끝에 타이터스빌역까지 직접 연결되는 파이프라인과 철도 운송망이 완성되었다. 막대한 양의 석유가 채굴되면서, 타이터스빌은 순식간에 산업 도시로 변모해 갔다. 1868년에는 여덟 개의 정유회사가 이 작은 도시에 자리 잡고 있었다.

굴착에 필요한 공구를 생산하는 철강 산업도 함께 번창했다. 타이터스빌의 인구는 단 하루 만에 250명에서 1만 명으로 급증했다. 석유가 솟아오르자, 돈 또한 이 도시로 밀려들었다. 드레이크가 최초로 시추한 땅의 주인이었던 조나단 왓슨은 석유 덕분에 최초의 백만장자가 되었다.

1875년 무렵, 타이터스빌에는 이미 27개의 정유회사가 들어서 있었다. 돈이 모이는 곳에는 언제나 인간의 탐욕도 함께 자라났다. 스탠다드 오일 회사는 철도 사업자들과 담합해 다른 정유회사들에게 토지를 넘기도록 압박했다. 그 중심에는 '석유 왕국의 군주'라 불리던 존 록펠러가 있었다.

하지만 내가 타이터스빌에 온 이유는 석유가 아니었다. 나의 관심은 종이에 있었다. 정유회사에 비하면 규모는 작았지만, 이곳에는 제재소와 목재 가공 공장들이 여럿 자리 잡고 있었다. 내가 찾는 곳은 '오일 크리크 제지'였다. 나는 지나가는 사람들을 붙잡고 공장의 위치를 물었다. 제지 공장은 도시 외곽에 있었다. 점점 심해지는 다리 통증 때문에, 나는 말을 빌려 그곳으로 향했다.

'오일 크리크 제지'는 다른 공장들과 크게 다르지 않은 모습이었다. 건물 맞은편에는 목재와 톱밥이 산처럼 쌓여 있었고, 다른 한쪽에는 거대한 종이 두루마리들이 층층이 쌓여 있었다.

나는 프랑스에 오일 크리크 제지와 같은 공장을 세우고 싶다는 핑계를 대며 공
장을 둘러볼 수 있겠느냐고 물었다. 사장은 내가 자신의 공장에 관심을 보인다는 사실이 무
척 자랑스러운 듯 보였다. 그는 흔쾌히 공장 내부를 안내해 주었다.

사장은 먼저 거대한 기계로 나무를 잘게 부순 뒤, 화학 약품(구체적인 성분은 비밀이라며 웃어
넘겼다)으로 처리해 셀룰로오스 섬유를 추출한다고 설명했다. 이렇게 얻은 섬유는 반죽처럼 만
들어 왕복 운동을 하는 이동판 위에 펼쳐 놓는다. 그다음 금속 롤러를 이용해 압착과 건조 과정
을 거치면 종이가 만들어진다. 완성된 종이는 커다란 두루마리 형태로 말려 출하를 기다린다.

악마는 바로 이 '오일 크리크 제지'에서 생산된 종이를 여러 겹 겹쳐 만든 재료로 알바트로
스를 제작했다. 사장은 종이를 주문했던 그 남자의 정체를 알고 있는 것이 틀림없었다. 나는 사
장과 어느 정도 친분이 생겼다고 생각하고 조심스럽게 질문을 던졌다.

"사장님, 종이를 여러 겹 덧대 초경량이면서도 아주 단단한 조각을 만든 적이 있으십니까?"

"으음… 네. 딱 한 번 있습니다. 손님이 엄청난 양을 주문했어요. 그때 접착 문제 때문에 꽤
애를 먹었던 기억이 납니다."

"그 손님의 이름을 기억하시나요?"

"제 기억이 맞다면… 맥그래스… 뭐 그런 이름이었던 것 같습니다."

"외눈박이죠? 그렇지 않습니까?"

"네, 맞아요. 게다가 심하게 기침했습니다. 그분을 아십니까?"

"네… 서로 좋아하는 것이 비슷하거든요. 그가 혼자 왔나요?"

"주문할 때는 혼자였습니다. 그런데 물
건을 찾으러 올 때는 아주 세련된 신사와
함께 왔어요."

"그 사람 이름은 기억하십니까?"

"로뷔르 씨였던 것 같아요. 그런데, 신기하네요."

"뭐가요? 이름이요?"

"아니요. 그 신사에 관해 묻는 것이 신기해서요. 방금 그 사람이 드레이크 유정탑 근처에서 꿍음을 내는 이상한 마차를 타고 있는 것을 봤거든요."

"타이터스빌의 첫 번째 유정탑에서 그 남자를 봤다는 건가요?"

"네. 바로 거기서 봤습니다."

나는 제지회사 사장에게서 뜻밖에도 가장 중요한 정보를 얻었다. 맥그래스에게 전보를 보낸 사람은 로뷔르가 틀림없었다.

그 말은 로뷔르가 곧 아르망 부트푀이, 그리고 쥘 베른이 말했던 그 악마라는 뜻이었다. 게다가 그는 지금 나와 아주 가까운 곳에 있었다. 서두른다면, 마침내 악마를 붙잡을 수도 있었다. 나는 서둘러 사장에게 감사 인사를 하고, 그의 수고에 대한 보답으로 약간의 사례금을 건넸다.

곧바로 말을 타고 유전으로 향했다. 초저녁의 오일 크리크 강가에는 짙은 안개가 낮게 깔려 있었다. 강 주변에는 셀 수 없이 많은 유정탑이 세워져 있었다. 사방에서 석유 펌프가 움직이는 꿍음이 끊임없이 울려 퍼졌다.

하늘 높이 솟아오른 유정탑들이 안개 속에서 거대한 숲처럼 서 있었다. 그 사이에서 길을 잃지 않으려면 정신을 바짝 차려야 했다. 몇 미터 앞에, 제지 공장 사장이 로뷔르를 보았다고 말한 드레이크 유정탑이 보였다. 나무로 만든 작은 원두막 안에 세워진 그 유정탑은 마치 커다란 부츠처럼 보였다.

나는 유정탑에서 조금 떨어진 곳에 말을 세워 두고 조심스럽게 탑 쪽으로 다가갔다. 그때, 연소 엔진과 비슷한 규칙적인 소리가 어둠 속에서 반복해서 들려왔다.

유정탑 안에서 움직임이 보였다. 누군가 안에 있었다. 나는 살금살금 다가가 작은 창문 너머로 안을 들여다보았다. 세련된 검은 양복 차림의 남자가 용기를 들고 서 있었다. 그는 등을 돌리고 있었기 때문에 얼굴은 보이지 않았다. 하지만 상관없었다. 로뷔르가 틀림없었다. 누가 그런 고급스러운 옷차림으로 유전에 나타나겠는가?

나는 권총을 꺼내 들고 조심스럽게 유정탑 주위를 돌았다. 바로 그때, 갑자기 "힝!" 하는 말 울음소리가 들렸다. 젠장! 내가 타고 온 말 때문에 절호의 기회를 날리다니…. 하지만 아쉬워할 시간이 없었다. 지금 당장 악마를 잡아야 했다.

유정탑 모퉁이를 도는 순간, 바퀴가 세 개 달린 이상한 마차가 눈에 들어왔다. 자동차였다. 나는 자동차에 대해 들어본 적이 있었다. 자동차는 벤츠 파텐트 모터바겐 넘버 1(세계 최초의 휘발유 자동차 - 옮긴이 주)로 점화 장치가 연소 엔진에 연결되어 최대 시속 20킬로미터까지 달릴 수 있다고 한다. 첨단 기술이 장착된 자동차를 이런 유전 한가운데서 보게 될 줄은 상상도 하지 못했다. 하지만 지금 내 목표는 자동차가 아니었다.

나는 조심스럽게 사무실 문을 열고 안쪽을 향해 총구를 겨누었다. 안에는 아무도 없었다. 창문 너머로 땅속을 파고드는 드릴 축이 보였다. 구석에는 자동차 연료통처럼 보이는 용기들이 여러 개 쌓여 있었다. 그 순간, '쾅' 소리와 함께 등 뒤에서 문이 닫혔다. 이어서 '딸깍'하며 자물쇠 잠그는 소리와 동시에 조롱 섞인 목소리가 들렸다.

"나를 잡으려면 고생깨나 할 거야, 형사 양반!"

"당장 문 열어, 로뷔르!"

나는 불같이 화를 냈다.

"나는 내 할 일을 했을 뿐이야. 당신이 몇 달 동안 내 뒤를 쫓는 걸 지켜보는 건 꽤 재미있었어. 나는 훌륭한 갬블러거든. 그래서 당신이 나를 찾을 수 있도록 단서도 남겨 두었지. 하지만 시간이 별로 없어. 째깍째깍, 시간 가는 소리 들리지? 충고 하나 더 하지. 헷갈리면 끝이야."

악마의 도발에 울화가 치밀었다. 나는 어깨에 힘을 주고 문짝을 거칠게 밀어 보았다.

"안녕, 형사 양반. 아니… '굿바이'라고 해야 하나!"

곧이어 '부르릉'하는 소리와 함께 자동차가 멀어져 갔다.

악마가 바로 그곳에 있었다. 그것도 내 바로 앞에.

하지만 얼뜨기처럼 나는 그가 파놓은 함정에 스스로 빠져 버렸다.

나는 문을 열 수 있는 장비가 있는지 방 안을 급히 살폈다. 그때 구석의 다이너마이트가 눈에 들어왔다. 악마가 폭탄을 설치해 둔 것이다.

악마의 말대로 서둘러 폭탄을 해체해야 했다. 다이너마이트에는 보기만 해도 머리가 어지러울 만큼 복잡한 전기 뇌관 장치가 연결되어 있었다. 폭약 위에는 단서가 될 알파벳들이 적혀 있었고, 그 아래에는 작은 나무 상자가 놓여 있었다.

나는 조심스럽게 상자의 뚜껑을 열었다. 상자 안에는 기어와 벨트, 랙 장치들이 복잡하게 얽혀 있었고, 빨간 스위치와 초록 스위치가 보였다. 그 위에는 다섯 개의 손잡이가 달려 있었다. 설명은 간단했다. 손잡이를 모두 초록색으로 옮기면 폭탄은 해체된다.

폭탄을 해체하고
로뷔르가 남긴 다음 단서를 찾아라!

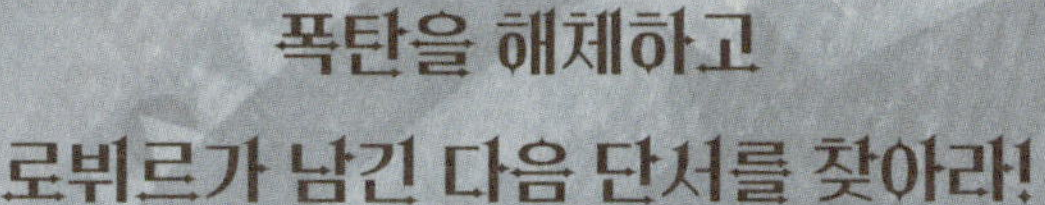

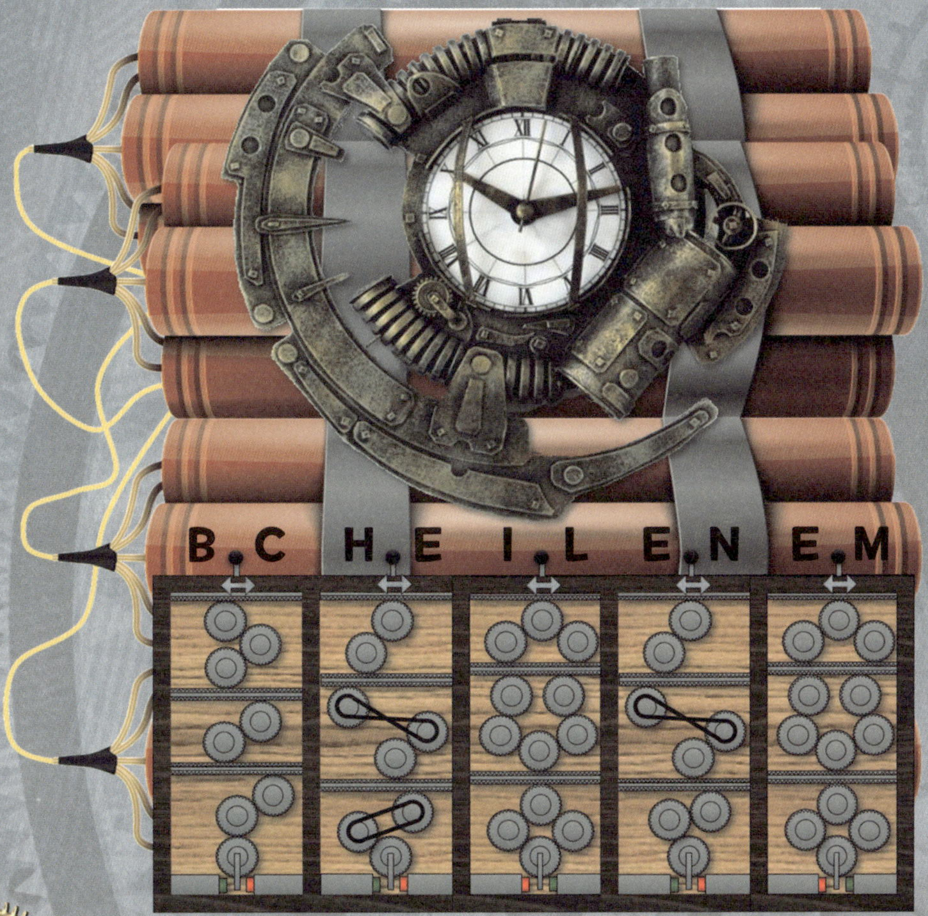

책장을 넘기지 마시오!

다음 장을 읽으려면, 먼저 이 문제를 풀어야 한다!

전기 뇌관에 달린 초침 소리가 멈췄다.

나는 안도의 한숨을 길게 내쉬었다. 조금만 늦었더라면 목숨을 잃었을 것이다. 내 목숨뿐만 아니라, 폭발물의 양과 주변에 늘어서 있는 유정탑들 때문에 엄청난 폭발이 일어났을 것이고, 그 여파로 수많은 사람이 목숨을 잃었을지도 모른다.

위험에서 벗어난 나는 밖으로 나가기 위해 문 쪽으로 다가갔다. 그리고 레스트레이드 경감에게 빌린 열쇠따기를 자물쇠 구멍에 넣었다. 자물쇠는 생각보다 쉽게 풀렸다. 문을 열고 밖으로 나오자 짙은 안개가 사방을 뒤덮고 있었다. 이제 로뷔르를 따라잡는 것은 불가능해 보였다.

로뷔르가 남긴 단서는 과연 진짜일까, 아니면 또 다른 함정일까? 로뷔르는 마치 내가 뒤쫓는 상황 자체를 즐기고 있는 듯했다. 하지만 어쩌면, 그의 지나친 자신감이야말로 가장 큰 약점일지도 모른다.

아마존의 황금

벨렝, 로뷔르를 뒤쫓을 수 있는 유일한 단서였다.

벨렝은 아마존 강(페루·콜롬비아·브라질 세 나라에 걸쳐 흐르는 거대한 강 - 옮긴이 주) 하구에서 멀지 않은 곳에 있다. 악마가 벨렝을 선택한 것은 놀라운 일이 아니었다. 쥘 베른의 소설 《장가다》(영어권에서는 《아마존 800리》라는 제목으로 번역 출간됨 - 옮긴이 주)에서 페루인 호앙 가랄과 그의 가족은 거대한 뗏목, 장가다를 타고 아마존 강을 따라 벨렝으로 향한다.

적도 부근에 있는 벨렝으로 가는 길은 지금까지의 여행에 비해 훨씬 길고 복잡했다. 나는 먼저 기차를 타고 보스턴까지 간 뒤, 미국 동해안을 운항하는 증기선을 타고 잭슨빌로 내려갔다. 잭슨빌에서는 브라질로 갈 수 있는 배를 찾느라 며칠을 보내야 했다. 항구에는 수많은 배들이 드나들었지만, 대부분은 카리브해나 멕시코만으로 향하는 배들이었다.

길고 지루한 협상 끝에 나는 멕시코 칸쿤까지 가는 상선에 올라탈 수 있었다. 하지만 좁고 불편한 객실 때문에 여행은 몹시 고된 것이었다. 배가 흔들릴 때마다 몸이 뒤틀렸고, 밤에는 엔진 소리가 끊임없이 울려 잠을 이루기도 쉽지 않았다.

멕시코에 도착한 나는 카리브해를 건너게 해 줄 배를 찾았다. 소문을 듣고 어떤 사람이 나를 찾아왔다. 그는 운임으로 엄청난 돈을 요구했다. 시간이 촉박했던 나는 그의 요구를 거절할 수 없었다. 내가 올라탄 배는 작고 낡은 데다 속도마저 형편없었다. 자메이카 해에 들어서자마자 우리는 해적선의 표적이 되었다. 일촉즉발의 상황이었다. 다행히 프랑스 군함이 나타나 해적선을 쫓아냈다.

카라카스에 도착했을 때, 잠시나마 단단한 땅을 밟을 수 있다는 사실만으로도 기분이 좋았다. 그러나 그 기쁨도 오래가지 않았다. 나는 다시 상선을 타고 프랑스령 기아나로 향해야 했다. 기아나에서 벨렝까지는 일주일 정도 걸렸다.

벨렝으로 가는 동안 나는 아주 귀중한 정보를 얻었다. 카리브해에서 해적들을 물리쳐 준 프랑스 군함의 선장 오귀스트 부에 드 라페레르는 열렬한 쥘 베른의 팬이었다. 그는 출간된 지 얼마 되지 않은 쥘 베른의 책 한 권을 나에게 선물로 주었다. 책 제목은 《정복자 로뷔르》였다. 수많은 가짜 신분으로도 모자라, 악마는 쥘 베른의 신간 소설 주인공 이름까지 도용한 것이었다. 나는 벨렝으로 가는 내내 그 책을 손에서 놓지 않았다. 소설은 무국적의 기술자 로뷔르에 관한 이야기였다. 읽다 보니 네모 선장이 떠오르기도 했다.

로뷔르는 공기보다 무거운 기계가 미래의 교통수단이 될 것이라 주장하며, '공기보다 가벼운' 기구로 하늘을 지배할 수 있다고 믿는 웰던 협회 회원들을 도발한다. 그는 자신의 발명품이 우월하다는 것을 증명하기 위해 협회 회장과 그의 비서를 납치해 알바트로스호에 태운다.

소설 속 알바트로스는 수많은 프로펠러를 장착한 거대한 비행선이었다. 내가 필라델피아에서 본 그 기계와 똑같은 모습이었다.

이 책은 최근에 출간된 작품이다. 그 말은 곧, 책이 출간되기 전에 악마가 쥘 베른의 원고와 자료를 미리 보았다는 뜻이다. 쥘 베른이 느꼈던 불안과 의심이 다시 한 번 사실로 확인된 셈이다. 악마는 가공할 무기를 개발하고 전쟁을 준비하기 위해, 오랫동안 쥘 베른을 감시해 왔던 것이다. 이제 더 이상 단순한 조사가 아니다. 본격적인 추격전이 시작된 것이다.

벨렝에 도착했을 때, 하늘에서는 억수 같은 비가 쏟아지고 있었다. 적도 부근에 있는 벨렝에는 이런 폭우가 자주 내린다. 특히 춘분과 추분 무렵에는 하늘이 무너진 듯한 비가 며칠씩 계속되기도 한다.

나는 로뷔르를 찾기 위해 벨렝 곳곳을 뒤졌다. 벨렝은 포르투갈어로, 나자렛의 예수가 태어난 도시 베들레헴을 가리키는 이름이다. 이곳은 강과 수로가 복잡하게 얽혀 있어 수없이 많은 작은 섬들이 떠 있는, 말 그대로 강의 미로 같은 곳이었다.

프랑스어를 할 줄 아는 루이스와의 만남은 나에게 큰 행운이었다. 나는 루이스에게 소설《장가다》에 나오는 거대한 뗏목을 찾고 있다고 말했다. 루이스는 그 뗏목을 본 적이 있다고 했다. 하지만 뗏목에 있던 사람들이 총을 들고 있어 가까이 다가가지는 못했다고 했다. 그의 말에 따르면, 장가다는 대부분의 시간을 아마존 강을 따라 이동하다가 정기적으로 벨렝 근처의 섬들에 기항한다고 했다.

한시가 급했던 나는 곧바로 나룻배를 빌렸다. 루이스가 알려 준 정보를 바탕으로, 장가다가 들를 만한 섬들을 하나씩 찾아 나섰다.

하지만 일은 생각처럼 쉽지 않았다. 나는 앞이 보이지 않을 정도로 쏟아지는 폭우를 뚫고 호시탐탐 공격 기회를 노리는 카이먼 악어들 사이를 누비며 섬들을 헤매고 다녀야 했다.

그리고 오랜 탐색 끝에, 마침내 장가다를 찾아냈다. 소설 속에 등장하는 것처럼, 한 마을 주민들이 모두 살아도 될 만큼 거대한 뗏목이었다.

나는 사람들 눈에 띄지 않도록 수초 속에 몸을 숨긴 채 장가다를 관찰했다. 장가다 위에는 버킷 벨트와 분리 용기, 그리고 용도를 알 수 없는 작은 구조물들이 설치되어 있었다. 굴뚝과 모터 소리로 보아, 이 뗏목은 증기로 움직이는 듯했다. 물론 사람들도 있었다. 그들은 어깨에 밴드 소총을 멘 채 개틀링건 옆을 지키고 있었다. 저렇게 무장한 사람들이 있는 한, 장가다에 올라타는 것은 불가능했다.

나는 기회를 엿보며 숨을 죽이고 기다렸다. 비가 그치고, 서서히 구름이 걷히기 시작했다. 어둠이 내려앉자 강물 위로 은은한 달빛이 번져 나갔다.

그때였다. 물속에서 커다란 물체가 솟아올랐다. 스트롬볼리에서 보았던 바로 그 잠수함이었다. 잠수함의 해치가 열리고 사람들이 하나둘 밖으로 나왔다. 그들은 장가다에 실려 있던 상자들을 재빠르게 잠수함으로 옮겨 실었다.

그들 사이에, 악마가 있었다. 그는 장가다 위에 서서 사람들이 일하는 모습을 조용히 지켜보고 있었다. 상자를 옮겨 싣는 작업은 순식간에 끝났다. 해치가 다시 닫히고, 잠수함은 눈 깜짝할 사이에 물속으로 사라졌다. 도대체 무엇을 옮겨 실은 걸까? 그리고 그 잠수함은 어디로 향하는 걸까? 잠수함이 사라지자, 장가다에 있던 사람들의 표정이 한결 느슨해졌다. 그들은 음식을 꺼내 먹고 술을 마시기 시작했다.

나는 그 틈을 놓치지 않고 수초에서 빠져나와 천천히 뗏목 쪽으로 배를 몰았다. 장가다가 정박해 있는 곳에 가까이 다가가, 인기척이 없는 지점을 골라 재빨리 올라탔다. 장가다 위에는 수많은 기계가 설치되어 있었다. 강바닥을 파내는 준설 장치부터 미세한 입자를 걸러내는 촘촘한 체까지 다양한 설비들이 어지럽게 배치되어 있었다.

나는 살금살금 구조물들을 살폈다. 간혹 휴식을 취하고 있는 사람들의 웃음소리가 들릴 때마다 등줄기에 식은땀이 흘렀다.

그때, 바닥에 도르르 말린 종이가 눈에 들어왔다. 나는 서둘러 종이를 집어 펼쳤다. 작은 사금과 함께 메시지가 적혀 있었다.

너무 늦었어, 형사.

내 금은 찾아냈지만, 노틸러스는 놓쳤군.
결국 절반밖에 해내지 못한 셈이지.
그래서 나도 똑같이 해주지.
당신의 무능함에 걸맞은, 절반짜리 단서를 남겨 두겠다.
타이터스빌에서 말했듯, 나는 꽤 괜찮은 갬블러거든.
그러니 당신의 형편없는 실력을 보완할
작은 선물 하나쯤은 남겨도 괜찮겠지.
다음에 보자. 다른 곳에서.

-로뷔르

미ㅇ미ㅍㅌㅌ

책장을 넘기지 마시오!

다음 장을 읽으려면, 먼저 이 문제를 풀어야 한다!

거대한 뗏목은 움직이는 금광이었다. 악마는 이곳에서 채굴한 금을 잠수함에 실어 흔적조차 남기지 않고 안전한 곳으로 옮기고 있었다. 아체국 술탄의 지원에 더해, 아마존에서 직접 확보한 금으로 자신의 계획에 필요한 자금을 마련하고 있었던 것이다. 이 정도라면, 그의 계획은 단순한 범죄를 넘어선다.

악마가 남긴 단서는 '낭트'. 프랑스 서부의 항구 도시다. 그렇다면 내가 향할 곳도 분명하다. 몇 달 만에 다시 밟게 될 고향 땅이라는 생각에, 묘한 안도감이 스쳤다. 나는 아마존의 열기와 습도에 서서히 지쳐가고 있었다.

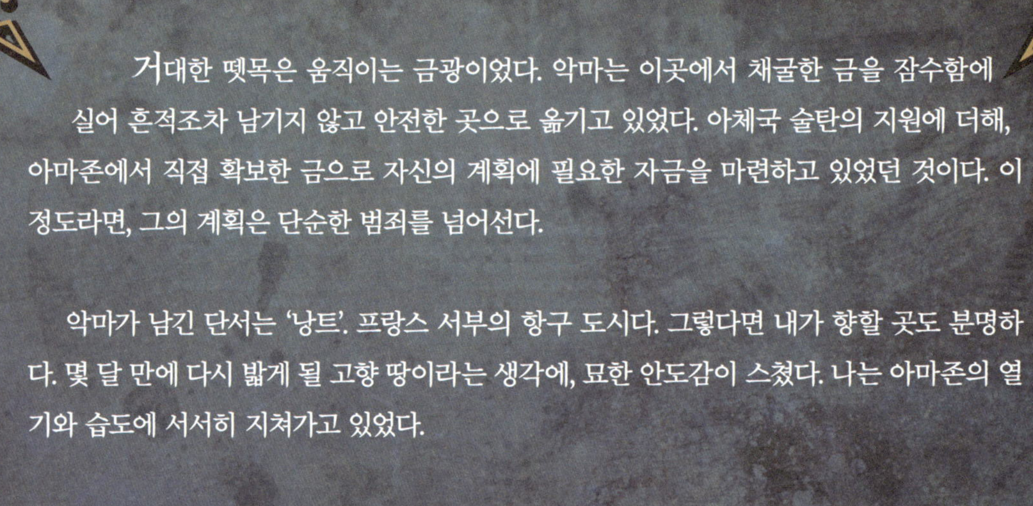

젊은 쥘 베른의 흔적

1886년 12월 7일, 프랑스 낭트

라페레르 선장 덕분에, 나는 프랑스로 향하는 군함에 몸을 실을 수 있었다. 귀국길은 놀랄 만큼 평탄했다. 군함에 승선한 지 2주 후, 우리는 생나제르 항구에 도착했다. 나는 곧장 마차를 타고 낭트로 향했다.

낭트에 온 것은 이번이 처음이었다. 이 도시는 오랫동안 삼각무역의 중심지로 번성해 왔다. 항구와 풍부한 농산물을 바탕으로 식품 산업과 섬유, 설탕, 비료, 무기 생산에 이르기까지, 산업화의 흐름이 이곳에 고스란히 모여 있었다. 거리에는 루이 메카르스키가 개발한 트램이 프랑스 최초로 운행되고 있었고, 도시 전체가 끊임없이 움직이고 있다는 인상을 주었다. 하지만 낭트가 나에게 특별한 이유는 따로 있었다. 이곳은 쥘 베른의 고향이다.

나는 가장 먼저 낭트 시청으로 향했다. 경찰 신분증 덕분에 기록물에 쉽게 접근할 수 있었다. 그곳에서 내가 가장 좋아하는 작가의 출생 기록과 그의 가족에 관한 자료를 직접 확인했다.

장 가브리엘 쥘 베른은 1828년, 낭트 중심에 있는 페이도 섬의 외할머니 집에서 태어났다. 올해 쉰여덟 살인 그는, 프로뱅 출신 변호사 피에르 베른과 스코틀랜드계 집안 출신인 소피 알로트 드 라 퓌예 사이에서 태어났다. 외할아버지는 선장이자 선주였다.

쥘 베른은 5남매 중 맏이로, 선장이자 작가인 남동생 폴과 안느, 마틸드, 마리 세 여동생이 있었다. 시청 기록에 따르면, 베른 가족은 1829년에 처음 이사한 뒤 1840년에 다시 항구 근처로 거처를 옮겼다. 이사 경로를 따라가다 보니, 그의 유년 시절이 바다와 얼마나 밀접하게 이어져 있었는지도 자연스럽게 짐작할 수 있었다.

쥘 베른은 생 스타니슬라스 중학교에서 공부했고, 성적 또한 기록으로 남아 있었다.
- 7학년 논문 1등, 지리 2등
- 6학년 그리스 작문 1등, 그리스 회화 2등, 지리 3등
- 5학년 라틴어 1등

그는 음악에서도 두각을 나타냈다. 문학과 지리에 뛰어난 재능이 있었다는 점은 의심의 여지가 없다. 훗날 그가 세계적인 작가가 된 것도 어쩌면 자연스러운 결과였을 것이다. 성적만 놓고 보면 과학적 소양이 두드러졌다고 보기는 어렵다. 그러나 그가 소설 속에서 묘사한 기계들이 지닌 정밀함을 떠올리면, 이를 위해 얼마나 많은 탐구와 사유를 거듭했는지 짐작할 수 있다. 어쩌면 이 도시 자체가, 그의 상상력을 길러낸 하나의 장치였는지도 모른다.

중학교를 졸업한 뒤, 쥘 베른은 생도나시앙 기숙사에 들어가 고등학교를 마칠 때까지 머물렀다.

베른 가족은 낭트 서쪽 샹트네에 빌라를 마련했고, 그의 외삼촌 프뤼당 알로트 드 라 퓌예가 소유한 건물도 확인할 수 있었다. 쥘 베른은 선주이자 뛰어난 항해사였던 외삼촌에게 큰 영향을 받았다. 그의 소설 곳곳에 등장하는 바다와 항해의 이미지가 어디에서 비롯되었는지, 이제는 분명해 보였다.

나는 다시 그의 학창 시절 기록을 살펴보았다. 1848년, 쥘 베른은 '꽤 잘했음'이라는 평가와 함께 바칼로레아(프랑스의 고등학교 졸업 및 대학 입학 자격을 동시에 인정하는 국가시험 – 옮긴이 주)를 통과했다. 이후 대학 진학을 위해 파리로 떠났고, 그 이후의 자료는 이곳에 남아 있지 않았다. 기록은 그 지점에서 끊겨 있었다. 몇 시간 동안 쥘 베른에 관한 자료를 뒤졌지만, 악마와 관련된 단서는 전혀 찾을 수 없었다. 단 하나의 흔적도 남기지 않았다는 사실이 오히려 더 수상하게 느껴졌다.

시청을 나와 시내를 돌아다녔다. 어디부터 조사해야 할지 잠시 고민하다가, 작가가 유년 시절을 보낸 곳으로 가보기로 했다. 이 도시 어딘가에는 아직 드러나지 않은 연결 고리가 남아 있을 것이다. 나는 만나는 사람마다 쥘 베른에 대해 물었다. 장바르 항구 근처를 돌아다니며 주민들에게 이야기를 듣다 보니, 몇 가지 흥미로운 일화를 얻을 수 있었다. 그 이야기들 속에서 나는 단서가 될 만한 조각들을 조심스럽게 가려내기 시작했다.

그중 하나는 벤치에 앉아 있던 부인들이 들려준 이야기였다.

어린 시절, 사촌 카롤린 트롱송을 사랑하게 된 쥘 베른은 그녀에게 산호 목걸이를 선물하기 위해 어른들 몰래 배에 올라 선원으로 취직하려 했다가, 곧 들켜 계획이 수포로 돌아갔다고 한다. 믿기 어려운 이야기였지만, 무척 흥미로웠다.

그 후 바칼로레아를 통과한 쥘 베른은 아버지의 권유로 낭트를 떠나 파리로 갔다. 그러나 그 이유가 사촌 카롤린과 떼어놓기 위한 것이었다는 말을 주변 상인에게서 들을 수 있었다. 그 말을 듣자, 산호 목걸이를 위해 배에 올랐다는 이야기가 한층 더 사실처럼 느껴졌다.

쥘 베른이 파리에서 법률 공부를 한 것은 채 1년도 되지 않았다. 이후 낭트로 돌아온 그는 로즈 헤르미니 아르노 드 라 그로스티에르를 보고 첫눈에 반했다. 그러나 그녀는 부모의 뜻에 따라 아르망 테리엥이라는 부유한 남자와 결혼했고, 그 소식에 쥘 베른은 크게 분노했다. 훗날 그가 부인 오노린을 만난 것은 1856년이었다. 아미앵의 한 결혼식에서 젊은 미망인 오노린을 만나 사랑에 빠졌고, 오노린은 전 남편과의 사이에 두 아이가 있었다. 두 사람은 결혼 후 아들 미셸을 낳았으며, 이후 아미앵에 정착해 지금까지 그곳에서 살고 있었다.

나는 한동안 그 이야기들을 곱씹으며 자리를 떠나지 못했다. 단순한 일화처럼 들렸지만, 그의 삶을 따라가다 보니 이 도시 어딘가에 아직 드러나지 않은 단서가 남아 있을지도 모른다는 생각이 점점 강해졌다.

나는 페이도 섬으로 향했다. 쥘 베른이 태어난 집 앞에 도착했다. 집 안
에는 불이 환하게 켜져 있었고, 식사를 준비하는 듯한 기척이 새어 나왔다. 문을
두드릴까 잠시 망설였다. 그러나 식사 시간에 남의 집을 찾는 것은 예의가 아니라는 생각에,
나는 발걸음을 돌리려 했다.

그때였다. 담벼락 아래, 분필로 그려진 격자 모양이 눈에 들어왔다. 5×5칸 안에는 알파벳
이 빼곡하게 적혀 있었다. 선은 흐릿해지지 않은 채 또렷했다. 조금 전까지 누군가 이곳에 있
었던 것처럼. 나는 걸음을 멈췄다. 악마가… 새 단서를 남긴 것일까?

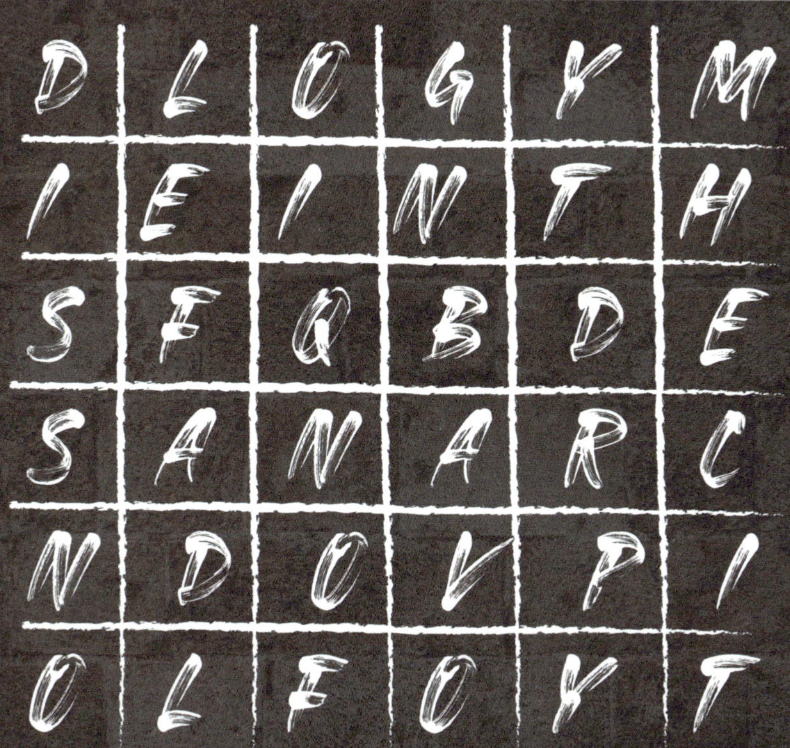

책장을 넘기지 마시오!
다음 장을 읽으려면, 먼저 이 문제를 풀어야 한다!

악마가 나의 무능함을 조롱하고 있는 것이 틀림없었다. 오랫동안 그의 뒤를 쫓았지만, 아직 그에 대한 확실한 정보를 확보하지 못했다. 악마는 내 추격을 즐기는 것은 물론, 암호화된 단서를 남기며 나의 형편없는 실력을 비웃고 있었다.

악마는 아마존에서 채굴한 금을 런던시의 안전한 장소에 보관하고 있다고, 마치 일부러 드러내듯 알려주었다.('City of London'은 간단히 'the City'라고도 하며, 영국은행을 비롯한 주요 금융기관이 밀집한 런던 금융가를 가리킨다. - 옮긴이 주)

나는 이를 도발로 받아들였다. 가능한 한 빨리 영국 런던으로 가야 했다. 하지만 이미 밤이 늦어 당장 떠날 방법은 없었다. 하는 수 없이, 이튿날 새벽 첫 배편을 이용하기로 하고 호텔을 찾아 시내로 발걸음을 옮겼다. 나는 창피함과 분노에 휩싸여 있었다. 그래서인지, 누군가가 나를 지켜보고 있다는 사실을 전혀 눈치채지 못했다.

행운과 불운

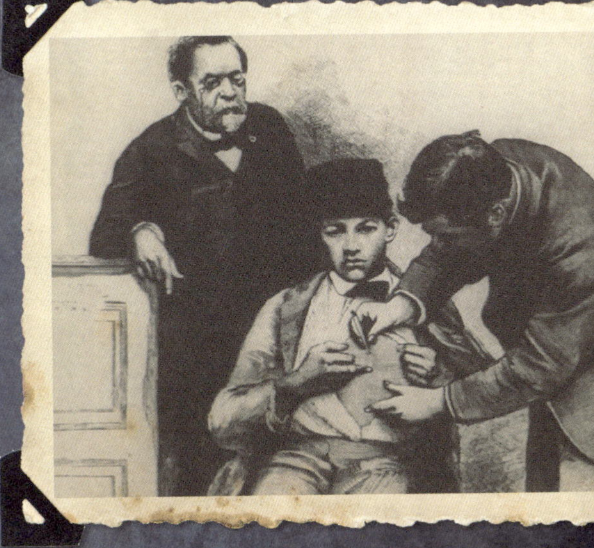

루아르 강변 쪽에서 한 남자가 갑자기 나타나 내 어깨를 두드렸다. 전혀 예상치 못한 일이었다. 나는 화들짝 놀라 몸을 돌렸다. 한 번도 본 적 없는 사람이었다. 하지만 그 남자는 나를 알고 있는 듯한 눈빛으로 나를 바라보고 있었다.

그는 자신을 사라쟁 박사라고 소개했다. 이름을 듣는 순간, 나는 쥘 베른의 소설 『인도 왕비의 유산』에 등장하는 프랑수아 사라쟁 박사를 떠올렸다. 그러나 그는 자신의 이름이 프랑수아가 아니라 르네라고 했다. 그는 내가 강철 도시에서 발견한 네 권의 공책 가운데, 그중 한 권에 몰래 글을 남겨 둔 바로 그 인물이었다.

드디어 악마에 관한 확실한 정보를 얻을 수 있다는 생각에, 나도 모르게 심장이 빨라졌다. 조급함과 호기심이 동시에 밀려왔다. 나는 그 감정을 간신히 눌러 담은 채, 박사가 입을 열 때까지 아무 말도 하지 않고 기다렸다.

"모든 것은 아프리카에서 시작되었습니다. 당시 나는 심리학을 전공한 레지던트로, 여러 지역을 떠돌며 전쟁 후유증에 시달리는 병사들의 트라우마를 연구하고 있었습니다. 그런데 어느 날, 아르망 부트푀라는 남자가 나를 찾아왔습니다. 이 이름, 이미 들어보셨을 겁니다."

"그는 세상을 평화롭게 만들고 싶다고 했습니다. 전쟁의 참상을 간접적으로 나마 경험해 온 나로서는, 그의 이상이 무척 매력적으로 느껴졌습니다. 나는 그를 따라 미국 오리건 동해 연안으로 갔습니다. 아르망 부트뢰는 그곳에 거대한 산업 도시를 건설할 계획이었습니다.

그는 잦은 부상으로 고통받는 노동자들을 돌봐 달라고 했습니다. 그 일은 나에게도 의미가 있었습니다. 하지만 그가 산업 도시가 아닌 무기 공장을 세우고 있다는 사실은 꿈에도 알지 못했습니다.

아르망은 좋은 친구였습니다. 나의 전문 영역을 존중했고, 정신적 고통에 시달리는 환자들을 맡길 수 있도록 배려했습니다. 금전적 지원은 물론, 필요한 물품도 아낌없이 제공했지요. 덕분에 많은 환자들이 회복되었습니다.

그런데 어느 날, 약물 치료의 효과를 확인한 아르망이 '자유 의지 통제'에 관한 연구를 제안했습니다. 아니… 제안이라기보다는 명령에 가까웠습니다.

나는 그의 뜻에 따라 정교하게 조제한 약물을 노동자들에게 처방했습니다. 불면증에 시달리는 사람들을 잠재우고, 일을 거부하는 노동자들을 다시 일하게 만들고, 사랑을 갈망하는 이들에게는 존재하지 않는 감정을 믿게 했습니다.

내 행동이 의사로서 비난받아 마땅하다는 것을 알고 있었습니다. 그럼에도… 내가 만들어낸 결과에 흥분했던 것도 사실입니다. 그때의 나는 법과 윤리보다 '가능성'에 더 매료되어 있었습니다.

그러던 중, 약 10개월 전… 아르망이 은밀한 부탁을 해왔습니다. 아미앵으로 가서 가스통 베른에게 약물을 주입하고, 쥘 베른을 죽이게 하라는 것이었습니다. 그 순간, 나는 깨달았습니다. 그동안 나는 '그의 폭력성을 통제한다'는 명분으로 스스로를 속여 왔다는 것을. 살인 교사까지… 더 이상은 두고 볼 수 없다고 생각했습니다.

　　하지만 내가 거절하더라도, 그는 다른 방법을 찾았을 것입니다. 그는 반드시 자신이 원하는 것을 이루는 사람이니까요.

　　나는 결국 블루아로 갔습니다. 그리고 슈탈슈타트에서 개발된 약물을 가스통 베른에게 주입한 뒤, 쥘 베른에게 총을 쏘도록 최면을 걸었습니다. 단, 죽지 않을 정도의 부상만 입히도록 조정했습니다. 위험한 선택이었지만, 결과는 예상보다 나았습니다. 신문을 통해 쥘 베른의 부상이 경미하다는 사실을 확인할 수 있었습니다. 물론 아르망도 그 기사를 봤을 겁니다.

　　나는 실패의 책임을 물어 그가 나를 죽이려 할 것이라 생각했고, 곧바로 몸을 숨겼습니다.

　　그리고 며칠 전, 당신이 이 사건을 조사하고 있다는 이야기를 들었습니다. 쥘 베른에게서 직접 확인하기도 했습니다.

　　어느 날 저녁, 그는 나를 집으로 은밀히 불렀습니다. 우리는 밤새 이야기를 나눴습니다. 그는 몇 달 동안 당신의 소식을 듣지 못해 무척 걱정하고 있었습니다. 쥘 베른은 아르망을 늘 '악마'라고 불렀습니다. 그리고 나에게, 그 악마가 전쟁 준비를 마쳤는지 확인하라며 낭트로 보냈습니다.

　　이곳을 돌아다니던 중, 나는 쥘 베른이 태어난 집 앞에서 서성이고 있는 악마를 직접 목격했습니다. 너무 놀라 몸을 숨긴 채 그의 행동을 지켜봤습니다. 그때 직감했습니다. 곧 당신이 이곳에 나타날 것이라는 것을. 그래서 기다렸습니다. …그리고 이후의 일은 당신도 알고 있을 겁니다. 악마를 막을 수 있는 사람은, 오직 당신뿐입니다."

　　사라쟁 박사의 이야기는 결국 하나의 결론으로 이어졌다. 악마를 잡으려면, 서둘러 런던으로 가야 한다. 나는 그에게 함께 가자고 제안했지만, 박사는 목숨을 잃을지도 모른다는 두려움에 단호하게 고개를 저었다.

　　나는 악마를 붙잡은 뒤 다시 연락하겠다고 약속하며, 쥘 베른이 안심할 수 있도록 지금까지의 상황을 전해 달라고 부탁했다.

수사는 거의 막바지에 이르러 있었다. 런던에 도착하자마자, 나는 곧장 마차를 타고 시티에 있는 영국은행으로 향했다. 《80일간의 세계 일주》에서 픽스 형사가 영국은행 도난 사건 이후 필리어스 포그를 추적하기 시작하는 것처럼, 악마의 행적 또한 쥘 베른의 소설과 긴밀하게 맞물려 있었다. 그렇다면 그가 금을 숨겨 두었을 장소 역시 이곳일 가능성이 가장 높았다.

영국은행은 금을 은닉하기에 최적의 장소였다. 영국은 물론, 여러 국가들이 이곳에 금을 예치하고 있었다. 금고는 지하 깊숙한 곳에 자리 잡고 있었고, 세상에서 가장 많은 금이 보관된 곳이라는 말까지 있었다.

나는 경찰 신분증을 내밀며 은행장을 만나게 해 달라고 요청했다. 곧 나는 지나치게 화려한 사무실로 안내되었다. 나는 곧바로 본론을 꺼냈다. 돈세탁과 관련해 영국 경찰청과 공조 수사를 진행 중이며, 비밀 금고를 보유한 고객들의 명단을 확인해야 한다고 요구했다.

은행장 프랭크 메이는 영국은행은 고객의 익명성을 무엇보다 중시한다며, 정중하지만 단호하게 거절했다. 나는 물러서지 않았다. 온갖 구실을 내세우며 반드시 명단을 확인해야 한다고 주장했다. 그러나 은행장은 눈 하나 깜짝하지 않았다.

결국 한 시간 넘는 설득 끝에, 두 잔의 차를 비운 뒤에야 타협이 이루어졌다. 나는 금고 소유주의 이니셜과 그들이 거주하는 도시가 적힌 종이를 받아볼 수 있었다. 단, 그 종이는 절대로 은행 밖으로 가져갈 수 없으며 반드시 그의 사무실 안에서만 확인해야 했다.

하지만 문제는 따로 있었다. 금고 소유주의 이니셜과 거주 도시만으로는, 여러 신분을 사용하는 악마의 금고를 특정하기에는 턱없이 부족했다.

고객명	거주 도시	금고번호	고객명	거주 도시	금고번호
D.C.	런던	01	A.S.	런던	26
W.W.	코번트리	02	A.B.	카디프	27
J.V.	아미앵	03	H.E.	뒤셀도르프	28
L.H.	파나마	04	A.A.	런던	29
P.N.J.	카디프	05	S.F.	베이징	30
B.F.	보르도	06	A.C.D.	런던	31
I.S.	플리머스	07	F.F.	맨체스터	32
A.B.I.	마드리드	08	V.A.	캘커타	33
J.F.	파리	09	E.P.	런던	34
M.B.	샌프란시스코	10	Y.W.	코크	35
E.E	런던	11	R.B.	필라델피아	36
T.P.	리버풀	12	A.B.	파리	37
O.W.	도버	13	N.N.	댈러스	38
A.M	브리스틀	14	G.S.	리버풀	39
A.B.	뮌헨	15	S.A.	사우샘프턴	40
G.P.	글래스고	16	E.Z	본	41
B.N.	뉴욕	17	G.E.	파리	42
G.C.	워싱턴	18	C.D.	카이로	43
L.P.	리스본	19	T.K.	도쿄	44
L.J.H.	몬테카를로	20	K.M.G	노팅엄	45
J.E.	탬파	21	A.D.	파리	46
A.P.	런던	22	L.P.	밴쿠버	47
H.F.	리즈	23	M.W.	런던	48
E.S.	골웨이	24	M.D.S.	코타 라자	49
D.P.M	에든버러	25	W.S.L.	프로비던스	50

비밀 금고 명단과 지금까지 드러난 악마의 신분을 대조한 결과, 런던 체류 당시 그가 사용한 프랑스 국적의 이름, 아르망 부트푀에 해당하는 이니셜 A.B.와 거주 도시 파리가 유일하게 일치했다. 악마의 금은 비밀 금고 37번에 보관되어 있었다.

나는 그 결과를 확인하고 나서야 비로소 숨을 돌릴 수 있었다. 메이 은행장에게 진심으로 감사를 전했다. 파리로 향하기에 앞서, 나는 개혁클럽에 들르기로 했다. 아르망 부트푀는 런던에 머무는 동안 정기적으로 이곳을 찾던 인물이다. 만약 그가 아직 런던에 있다면, 클럽에 나타날 가능성이 높았다. 운이 따른다면 이곳에서 그를 붙잡을 수도 있었다.

클럽에서 나는 아서 코난 도일과 다시 만났다. 도일은 나를 보자 무척 반가워했다. 그는 《주홍색 연구》를 막 탈고했으며, 내년에 워드 록 앤 컴퍼니에서 출간될 예정이라고 말했다. 나는 아쌈과 실론을 블렌딩한 '퀸 메리' 홍차를 마시며, 도일과 문제 풀이를 나눴다. 오랜만에 잠시 마음을 놓을 수 있는 시간이었다.

이번에는 내가 압도적으로 승리했다. 도일은 나의 달라진 실력에 놀라움을 감추지 못했다. 그는 다음 만남을 기약하며, 책이 출간되는 대로 가장 먼저 보내주겠다고 약속했다.

운명적 동맹

파리는 대도시다. 어디서부터 수사를 시작해야 할지 막막했다. 하지만 나는 결국, 내 감을 믿기로 했다. 파리 북역에 도착하자마자 곧장 경찰서로 향할 생각이었다. 오랫동안 연락을 끊은 상태였기 때문에, 동료들이 걱정하고 있을 것이 분명했다. 그나마 런던으로 출발하기 전, 장기간 비밀 수사를 진행 중이며 곧 돌아가겠다는 편지를 상관에게 남겨 두었었다.

그때였다. 문득, 낯익은 얼굴 하나가 시야에 들어왔다. 나는 그가 누구인지 떠올리기까지 잠시 시간이 필요했다. 몬테카를로에서 쥘 베른의 친구이자 편집자인 장 피에르 에첼과 이야기를 나누고 있을 때, 의사와 함께 방 안으로 들어왔던 인물이었다. 나는 이것이 단순한 우연이 아니라고 직감했다.

곧장 그에게 다가가 정중하게 인사를 건넸다. 그리고 우리가 만났던 당시의 상황을 자세히 설명했다. 그는 나를 기억하지 못하는 눈치였지만, 자신은 피에르 쥘 에첼의 아들, 루이 쥘 에첼이며 아버지가 세상을 떠난 뒤 출판사를 이어받아 운영하고 있다고 말했다.

나는 잠시 망설였지만, 결국 위험을 감수하기로 했다. 쥘 베른과 관련된 모든 이야기를 그에게 털어놓았다. 그의 표정이 순식간에 굳어졌다. 그는 주변을 한 번 둘러보더니, 낮은 목소리로 말했다.

"여기서는 곤란합니다. 조용한 곳으로 가시죠."

그는 나를 역 근처의 한 카페로 이끌었다.

루이쥘 에첼은 쥘 베른이 약 20년간 파리에서 생활했다고 말했다. 법률 공부를 마치고 변호사가 되기를 바라는 아버지의 뜻과 달리, 그는 문학과 연극에 대부분의 시간을 쏟아부었다고 한다. 쥘 베른이 문학계에 데뷔할 수 있었던 것은 알렉산드르 뒤마와 피트르 슈발리에의 적극적인 도움 덕분이었다. 그 무렵, 그는 훗날 아내가 되는 오노린도 만났다.

피에르쥘 에첼과의 인연은 막내아들이 태어난 이후 시작되었다. 에첼은 쥘 베른이 정식 작가로 자리 잡을 수 있도록 이끌었고, 사진작가 나다르의 도움 역시 큰 역할을 했다.

1863년 《기구를 타고 5주간》이 출간된 이후, 다양한 분야에 호기심이 많던 쥘 베른은 소설가 가브리엘 드 라 랑델과 함께 '공기보다 무거운 항공 운송 수단 협력 협회'를 조직했다. 그는 협회의 일원이자 고문 역할을 맡고 있었다. 그 말을 듣는 순간, 하나의 의문이 떠올랐다. 아르망 부트뫼 역시 이 협회의 일원이었던 것은 아닐까.

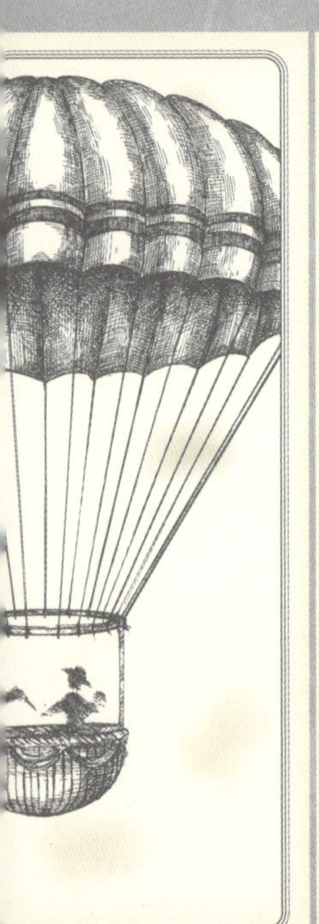

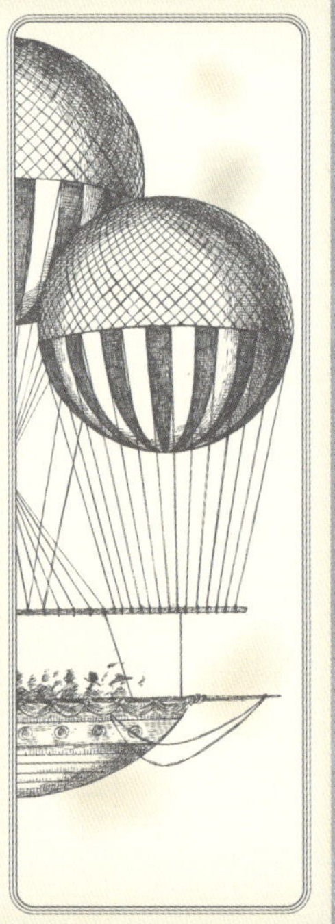

그가 쥘 베른의 소설에서 영감을 얻었다는 사실은 분명하다. 그러나 단순한 상상력만으로는 내가 지금까지 목격한 수준의 무기들을 만들어낼 수 없다. 특히 필라델피아에서 보았던, '공기보다 무거운' 동력으로 비행하는 알바트로스는 더욱 그랬다. 그 정도의 기술력은 반드시 어디선가 비롯되었을 것이다.

내 추측을 확인하고 싶은 마음이 점점 강해졌다. 나는 에첼에게 협회 회원들을 소개해 줄 수 있는지 조심스럽게 물었다. 그는 잠시도 망설이지 않고 흔쾌히 고개를 끄덕였다.

　이틀 후, 나는 펠릭스 투르나송, 즉 나다르의 집을 찾았다. 그의 거실에는 이미 여러 인물이 모여 있었다. 엔지니어이자 화폐학자인 구스타브 퐁통 다메쿠르, 의사이자 발명가인 에티엔 쥘 마레, 그리고 기자이자 경제학자인 이브 귀요였다. 공동 창립자인 가브리엘 드 라 랑델과 빅토르 위고, 그리고 엔지니어 알퐁스 페노는 아쉽게도 참석하지 못했다.

　회원들은 내가 전 세계를 돌아다니며 추적한 악마와 그의 기계들에 깊은 흥미를 보였다. 질문은 그치지 않았다. 거대한 증기선 뗏목 '장가다'의 운항 방식, 잠수함 노틸러스호의 잠행 원리, 빅토리아호의 상승 고도, 알바트로스의 최대 속도까지 점점 더 구체적이고 집요해졌다. 나는 아는 범위 안에서 성실히 답했지만, 끝내 설명하지 못하는 부분도 적지 않았다. 그럼에도 질문은 멈출 기미가 없었다.

　마침내 그들은 알바트로스를 직접 확인하겠다며 르아브르로가 대륙 횡단 정기선을 탈 계획까지 세우기 시작했다. 나는 그들의 열의를 꺾고 싶지는 않았지만, 더 이상 침묵할 수 없었다. 악마는 단순한 발명가가 아니다. 극도로 위험한 범죄자다. 그리고 그가 만들어낸 기계들은 인류 전체를 위협할 수 있는 무기다.

　내 말이 끝나자 시끌벅적하던 방 안은 순식간에 조용해졌다. 나는 그 틈을 놓치지 않고, 지금까지 가장 궁금했던 이름을 꺼냈다.

　아르망 부트푀.

거실에 있던 회원들은 모두 그를 알고 있었다. 나다르가 먼저 입을 열었다.

"처음에는 부트푀도 우리처럼 항공학에 큰 관심을 보였어요. 하지만 곧, 그가 우리와 전혀 다른 방향을 보고 있다는 걸 알게 됐죠. 그의 목표는 인류를 위한 기술 발전이 아니라, 오직 자기 자신을 위한 것이었어요."

귀요가 말을 이었다.

"나다르 말이 맞습니다. 부트푀는 철저한 이기주의자였어요. 그가 원한 건 비행 기술이 아니라… 모두를 내려다볼 수 있는 권력이었습니다."

나는 잠시 생각을 정리한 뒤 물었다.

"그는… 지금 어디에 있습니까?"

"회원들의 투표로 협회에서 제명됐습니다." 마레가 담담하게 대답했다.

이제야 모든 퍼즐이 맞춰지기 시작했다. 협회에서 쫓겨난 부트푀는 자신을 배척한 이들과, 그 중심에 있던 쥘 베른을 향해 복수를 결심한 것이 분명했다. 그리고 그 수단으로 그의 상상, 소설을 이용하고 있었다.

나는 곧장 본론으로 들어갔다. 부트푀를 만날 수 있도록 도와달라고 요청했다. 회원들은 그의 집이 파리 8구에 있다고 알려주었다.

파리는 내 손바닥 안과도 같은 도시다. 그의 집은 어렵지 않게 찾을 수 있었다. 예상보다 훨씬 화려한 저택이었다.

초대받지 않은 손님이 문을 두드리는 것은 의미가 없다. 그렇다고 문을 부수고 들어갈 생각도 없었다. 다행히 내 주머니에는 아직 레스트레이드 경감의 만능열쇠가 남아 있었다. 클라켄웰에서 했던 것처럼, 나는 조용히 문을 열고 집 안으로 들어갔다. 오늘 반드시, 그를 감옥에 보낼 물증을 찾아야 했다.

집 안에는 아무도 없었다. 나는 경계를 늦추지 않은 채 내부를 살폈다. 공간은 지나치게 호화로웠다. 유명 화가의 그림, 정교한 가구, 희귀한 명나라 화병, 그리고 종류별로 정리된 총기까지, 모든 것이 과시적으로 배치되어 있었다. 이곳은 단순한 거주 공간이 아니었다. 욕망이 전시된 공간이었다.

나는 곧장 서재로 향했다. 책상 서랍을 하나씩 열어보며 샅샅이 뒤졌지만, 결 정적인 단서는 보이지 않았다. 혹시나 하는 마음으로 벽에 걸린 그림을 들어 올렸다. 그 뒤에 금고가 숨겨져 있었다. 런던에서 보았던 것과 동일한 형태였다. 그렇다면 비밀번호 역시 같을 가능성이 높다.

나는 망설임 없이 'INDE'를 조합했다. '탁.' 금고 문이 열렸다. 하지만 안은 텅 비어 있었다. 부트푀가 이미 눈치채고 금고를 비운 것이 틀림없었다.

나는 포기하지 않았다. 방 안의 가구는 물론, 계단 구석과 바닥의 양탄자까지 하나하나 뒤집으며 다시 수색했다. 그러나 결과는 같았다. 아무것도 없다.

결국 철수하려던 순간, 현관을 지나려다 벽에 걸린 액자 하나가 시야에 들어왔다. 단순한 줄무늬 사진. 이 집의 다른 장식들과는 전혀 어울리지 않는 물건이었다. 나는 걸음을 멈췄다. 사진 속에 무언가가 숨겨져 있는 것이 분명했다.

사진 속에 숨겨진 장소를 확인하라.

책장을 넘기지 마시오!
다음 장을 읽으려면, 먼저 이 문제를 풀어야 한다!

나는 사진 속 산에 대해 들어본 적이 없었다. 하지만 부트푀가 착시현상을 이용해 그 안에 산의 이름을 숨겨두었다면, 그것은 단순한 장난이 아니라 분명 나를 특정한 장소로 유도하기 위한 장치일 것이다.

나는 부트푀의 집을 나왔다. 당국에 신고할지, 아니면 계속 악마의 뒤를 쫓을지 한참을 고민했다. 이 사건은 이미 한 국가의 범위를 넘어섰고, 그의 계획은 점점 더 거대해지고 있었다. 하지만 지금 신고를 한다면 단서는 곧 사라지고 말 것이다.

결국 나는 신고를 포기하고 그의 뒤를 쫓기로 결심했다. '테이블 록'이라는 이름이 단서인 것은 분명했지만, 한 번도 들어본 적이 없는 곳이었다. 단서를 쫓기 위해서는 그 지명을 정확히 아는 것부터 시작해야 했다.

나는 지리를 연구하는 친구를 찾아갔다. 그는 지도와 자료를 펼쳐놓고 한참을 확인하더니, 테이블 록이 미국 노스캐롤라이나에 있는 산이라는 사실을 알려주었다. 예상보다 훨씬 먼 거리였다.

나는 더 지체할 수 없었다. 곧장 마차를 타고 생라자르역으로 향했다. 역 안은 분주했지만, 내 머릿속은 오직 하나의 목적지로만 가득 차 있었다. 나는 미국으로 가는 정기선을 타기 위해, 르아브르행 기차에 올라탔다.

악마에 맞서다

나는 커다란 증기선을 타고 미국 연안에 도착해 워싱턴에서 내렸다. 그곳에서 뉴욕과 뉴올리언스를 잇는 기차를 타고 테네시주의 녹스빌까지 이동한 뒤, 다시 마차로 노스캐롤라이나로 향했다. 애슈빌에서 하룻밤을 보낸 후, 인구 800명 남짓의 작은 마을 매리언에 도착했다.

겨울이라 공기는 몹시 차가웠지만, 하늘이 맑아 블루리지산맥이 한눈에 들어왔다. 파스텔 색조로 겹겹이 이어진 산맥은 고요하면서도 장엄한 아름다움을 지니고 있었다. 애팔래치아산맥 동쪽에 자리한 이 블루리지산맥은, 내가 찾아야 할 테이블 록의 기반이 되는 산줄기였다.

테이블 록의 정상은 제임스 호수 뒤편에서 직선으로 약 30킬로미터 떨어진 곳에 있었다. 멀리서 보아도 산의 형세는 분명히 독특했다. 마치 이름 그대로, 평평하게 잘려 나간 바윗덩어리가 하늘 위에 놓인 듯한 모습이었다.

나는 말을 빌려 안장을 고쳐 잡고, 테이블 록을 향해 달리기 시작했다.

험한 오솔길을 거의 하루 종일 달려, 드디어 테이블 록에 도착했다.

어젯밤 애슈빌에서 따뜻한 저녁 식사를 하던 중, 식당 주인에게서 이 산에 관한 기이한 이야기를 들었다. 몇 달 전부터 이곳에서는 이상한 현상이 이어지고 있다는 것이었다. 천둥이나 번개 같은 기상 현상도 없는데 여러 차례 자연 발화로 보이는 화재가 발생했고, 둔탁한 소리와 깊은 굉음이 반복적으로 울려 퍼졌다고 했다. 그 때문에 어떤 이들은 수천 년 동안 잠들어 있던 화산이 다시 깨어나려는 것이 아니냐고 의심하고 있었다.

이제 눈앞에 거대한 바위산을 마주한 나는 말에서 내려 가까운 나무에 고삐를 묶었다. 경사는 가팔랐고, 눈까지 쌓여 있어 등반이 쉽지 않을 것이 분명했다. 막 산을 오르려는 순간, 둔탁한 소리가 울렸다. 어디서 비롯된 것인지 알 수 없었지만, 산맥을 따라 끝없이 증폭되며 퍼져 나갔다.

그때, 산 정상에서 강렬한 빛이 번쩍였다. 이어서 무언가가 포탄처럼 튀어나왔다. 마치, 린덴브로크 교수와 동료들이 지구 속 여행을 할 때, 지하 바다에서 맞닥뜨린 비행 생물과 흡사했다. 그 물체는 맹금류처럼 빠른 속도로 곧장 나를 향해 돌진해 왔다. 나는 충돌을 피하기 위해 몸을 낮춰 눈밭에 엎드렸다. 그것은 내 위를 스치듯 지나가며 다시 고도를 높였고, 크게 원을 그리며 방향을 틀었다.

나는 시선을 떼지 않은 채 그것을 주시했다. 그리고 그것이 선사시대의 생물이 아니라, 정교하게 만들어진 비행 기계라는 사실을 알아차렸다. 타원형의 동체와 박쥐를 닮은 날개는 살아 있는 생물처럼 보이게 했지만, 몸체 아래 달린 바퀴가 그 정체를 분명히 드러내고 있었다.

거대한 비행물체에 놀란 말이 사납게 날뛰기 시작했다. 나는 급히 말에 올라타 고삐를 풀었다. 말은 미친 듯이 달리기 시작했다. 뒤를 돌아보니, 비행 기계가 곧장 아래로 곤두박질치듯 내려오더니 눈밭에 착지해 바퀴로 나를 추격하고 있었다. 순식간에 거리가 좁혀졌다. 양옆이 낭떠러지로 이어진 험한 길 위에서 나는 완전히 포위된 기분이었다.

나는 권총을 꺼내 들었지만, 빗맞힐지도 모른다는 생각에 방아쇠를 당기지 못했다. 총알을 허비할 수는 없었다. 불과 몇 미터 앞까지 따라붙은 순간, 기계가 갑자기 앞을 치켜들며 다시 이륙했다. 그것은 내 머리 위를 스치듯 지나가더니 그대로 수평선을 향해 멀어져 갔다.

그 뒤로 종이 한 장이 빙글빙글 돌며 날아와, 몇십 미터 앞 오솔길 위에 떨어졌다. 나는 급히 말을 멈추고 안장에서 내려, 그 종이를 집어 들었다.

안녕하시오, 형사 양반.

여기까지 나를 쫓아온 것, 제법이오. 그래서 그냥 죽여버리기엔 조금 아까워졌소. 내 걸작을 직접 보여주고 끝내는 편이 더 흥미롭지 않겠소. 당신이 나를 상대할 수 있을 거라 기대했다면, 그건 착각이오. 하지만 괜찮소. 수준이 안 되는 적수라도, 훌륭한 관객은 될 수 있으니까. 그러니 잘 보시오. 첫 번째 희생자가 되는 순간까지, 눈을 떼지 말고.
방금 당신이 본 것은 쥘 베른의 어떤 작품에도 존재하지 않는 것이오. 내가 만든 것이오. 구상도, 제작도, 조종도―모두 나 혼자서. 공기와 흙, 불과 물. 이 세계를 이루는 요소들조차 내 손 안에서 재료에 불과하오.
우리는 지금 아주 좋은 시대에 살고 있소. 과학과 산업이 모든 가능성을 열어주고 있지. 그래서 나는 확신하오. 이 세상은 곧, 나의 것이 될 것이오. 당신이 사라진 뒤에 말이오.
도망쳐 보시오. 어디까지 갈 수 있는지 보고 싶군.
하지만 결국, 당신은 나에게 돌아오게 될 것이오.
굿바이, 형사 양반.

로뷔르

부트푀는 게임에 마침표를 찍고 나를 제거할 목적으로, 사진 속에 '테이블 록'이라는 단서를 남겨둔 것이다. 악마로서는 당연한 선택이었을지도 모른다. 나는 그에 대해 이미 너무 많은 것을 알고 있었다. 그렇다고 가만히 죽을 수는 없었다. 나는 말에 올라타 전속력으로 달리기 시작했다. 비행 기계가 곧장 날아와 오른쪽에서 공격해 왔다. 나는 길이 넓어지는 순간을 이용해 말을 갈지자로 몰며 가까스로 공격을 피했다.

눈앞에 제임스 호수가 보였다. 그곳이라면 몸을 숨길 수 있을지도 모른다는 생각이 스쳤다. 그때, 비행 기계가 갑자기 호수로 곤두박질치듯 떨어지더니 순식간에 시야에서 사라졌다. 나는 기계가 오작동으로 물속에 추락했다고 생각했다. 그러나 그것은 착각이었다.

회오리치는 물거품과 함께 기계가 다시 모습을 드러냈다. 그것은 마치 돌고래처럼 유연하게 물 위를 가르며 질주했다. 나는 그 광경을 도저히 믿을 수 없었다. 이 기계는 전천후였다. 하늘을 날고, 땅을 달리고, 물속으로 잠수했다가 다시 수면 위를 질주한다. 그 모든 동작이 놀라울 만큼 빠르고 매끄러웠다. 그럼에도 어디에서도 증기나 연기는 보이지 않았다. 그렇다면 이 기계는 전기 모터로 구동되는 완전히 새로운 종류의 발명품일 것이다.

나는 호숫가의 거대한 바위 쪽으로 말을 몰았다. 급히 말에서 내려 바위 뒤에 몸을 숨기고, 호수 위를 질주하는 기계를 향해 권총을 겨누었다. 부트푀는 분명 자신의 발명품이 가진 성능을 과시하려는 듯했다. 기계가 곧장 나를 향해 달려왔다. 방아쇠를 당기려는 순간, 기계가 갑자기 움직임을 멈추더니 수직으로, 하늘로 솟구쳤다. 이어 공중에서 한 바퀴 크게 선회하고, 자유자재로 비행하다가 다시 호수로 뛰어들었다.

잠시 후, 기계는 다시 물속에서 튀어 오르듯 솟아올랐다. 곧바로 고도를 높이며 공중에서 아라베스크 같은 궤적을 그리더니, 다시 급강하해 이번에는 곧장 나를 향해 날아왔다. 나는 숨을 고르며 기계의 움직임을 좇았다. 약점을 찾아야 했다. 그곳을 정확히 겨냥해 쏘아야 한다.

바퀴	RIDGE
방향타	HOUSE
왼쪽 날개	BLACK
오른쪽 날개	BLUE
모터	WHITE
동체	HILLS

책장을 넘기지 마시오!
다음 장을 읽으려면, 먼저 이 문제를 풀어야 한다!

나는 조준한 곳을 모두 정확히 맞혔다. 기계가 크게 휘청이더니, 굉음을 내며 빙글빙글 돌다가 그대로 호수에 처박혔다. 잠시 수면 위에 떠 있던 기계는 천천히 물속으로 가라앉았고, 이내 완전히 모습을 감추었다.

혹시 다시 솟아오를지도 모른다는 두려움에, 나는 기계가 사라진 자리를 한참 동안 바라보았다. 하지만 걱정과 달리 아무 일도 일어나지 않았다. 곧 산등성이 너머로 해가 지고, 호수 위에는 어둠의 장막이 내려앉을 것이었다.

마침내 악마를 물리쳤다!

내가 타고 온 말은 거대한 비행물체에 겁을 먹고 진작 달아나 버렸다. 하는 수 없이 나는 어둠이 내린 길을 따라 매리언까지 걸어가야 했다. 지독한 추위와 쏟아지는 눈 때문에 한 발 한 발 내딛는 일조차 몹시 고되었다. 그럼에도 나는 지치지 않고 계속 걸었다. 악마를 물리쳤다는 기쁨이 몸속 깊은 곳에서 오래도록 나를 떠받치고 있었기 때문이다.

다행히 길 끝에서 만난 한 친절한 가족이 따뜻한 잠자리와 신년 음식을 내주었다. 나는 경찰이라는 직업도, 악마와 얽힌 일도 감춘 채, 지금까지 지나온 여행에 관해서만 이야기해 주었다. 새로운 모험을 찾아 세계를 떠도는 여행자로 자신을 소개할 수 있다는 사실이 이상할 만큼 기분 좋았다. 사람들은 내 이야기를 즐겁게 들었고, 오랜만에 나 역시 누군가의 의심이나 추격이 아닌, 순수한 호기심 속에서 말을 이어갈 수 있었다. 그날 밤, 나는 이상한 꿈을 꾸었다. 쥘 베른의 소설에 등장하는 기계들을 타고 평화롭게 세계를 여행하는 꿈이었다. 그 꿈속에서 자연은 어느 한 사람의 소유가 아니었다. 그것은 인류 모두를 품고 지키는 조용하고도 넉넉한 안식처였다.

BRAVO !

에필로그

이튿날 잠에서 깬 나는 다시 호수로 갔다. 부트푀가 호수에서 살아서 나왔을 지도 모른다는 생각에, 호수 주위를 꼼꼼히 살폈다. 발자국도 바퀴 자국도 없었다. 악마가 되살아났다는 흔적은 어디에도 없었다. 악마는 확실히 죽었다. 마침내 안도한 나는 마차를 타고 녹스빌로 갔다. 그리고 애팔래치아산맥을 따라 달리는 기차를 타고 워싱턴으로 이동했다.

역에 도착하자마자 마차를 잡아타고, 마부에게 그로버 클리블랜드 대통령의 관저인 백악관으로 가 달라고 말했다. 현 미국 대통령은 그로버 클리블랜드다. 개혁가로 알려진 클리블랜드 대통령은 평등한 정책 추진과 정치적 부패 청산으로 명성이 자자했다. 나는 대통령을 만날 수 있기를 바랐다. 비록 악마는 사라졌지만, 그가 개발한 가공할 무기들과 용병들은 여전히 남아 있었다. 부트푀의 뒤를 이어 그 야망을 실현하려는 누군가가 반드시 나타날 것이라는 확신이 들었다. 절대 일어나서는 안 되는 일이다. 그리고 그것을 막는 것이 바로 내가 해야 할 일이었다.

나는 미리 외무부에 근무하는 친구에게 전보를 보내, 클리블랜드 대통령에게 나의 도착을 전해 달라고 부탁해 두었다. 그 조치는 효과가 있었다. 백악관에 도착하자, 나는 곧바로 대통령 집무실로 안내되었다.

그로버 클리블랜드는 건장한 체격에 풍성한 콧수염과 또렷한 눈빛을 지닌 인물이었다. 그는 나비넥타이를 만지작거리며 내 보고를 주의 깊게 듣고 있었다.

나는 부트푀의 외모를 시작으로, 내가 직접 목격한 모든 것을 빠짐없이 설명했다. 캡 아라고의 공장 도시, 싯카의 훈련소, 탬파의 대포, 필라델피아의 알바트로스까지 미국 땅에서 확인한 것들을 하나도 빠짐없이 차례로 이야기했다. 이어서 캘커타에서 본 강철 코끼리, 빅토리아 호수의 비행기구, 아마존강을 따라 이동하던 장가다, 그리고 제임스 호수에 가라앉은 비행 기계에 대해서도 전했다. 위치는 특정할 수 없었지만, 여러 화산을 거점으로 은밀히 이동하는 노틸러스 잠수함에 대한 정황도 덧붙였다. 마지막으로, 부트푀가 금을 보관하고 있던 영국은행 37번 비밀 금고에 대해서까지 털어놓았다.

내 이야기를 모두 들은 클리블랜드는 의자에 몸을 깊이 기대며, 내가 전한 사실의 무게를 곱씹는 듯했다. 경험 많은 국가 지도자답게 그는 침착하게 대응 방안을 가늠하고 있었다. 신속하게 움직여야 하지만, 결코 성급해서는 안 된다는 판단이었다. 그는 내가 전한 세부 사항을 하나하나 기록한 뒤, 당일 중으로 군 수뇌부를 소집하겠다고 밝혔다. 이어 미국 해군 역사상 최초의 제독 데이비드 패러것에게 전보를 보내, 나를 프랑스로 송환하라는 지시를 내렸다.
또한 프랑스 대통령 쥘 그레비와 영국 수상 로버트 개스코인 세실에게 각각 서한을 작성해, 자국 내에 존재하는 부트푀의 무기와 재산을 즉시 몰수할 것을 요청했다.

나는 온종일 클리블랜드 대통령과 함께 움직였
다. 대통령은 나에게 백악관에 머물 것을 권했고,
다음날 예정된 일정까지 모두 취소했다.

이튿날, 나는 클리블랜드 대통령과 군인들의 호
위를 받으며 항구로 향해 미국 순양함 USS 애틀랜
타호에 승선했다. 애틀랜타호는 3,500마력의 기관
으로 16노트 이상의 속력을 내는 군함으로, 단기간
에 대서양을 횡단했다.

며칠 후, 나는 르아브르 항에 도착했다. 충분히 휴식을
취한 뒤 파리로 이동했고, 사라쟁 박사를 만나 그동안의 일을 자
세히 전했다. 또 외무부에 근무하는 친구를 찾아 그의 도움에 감사를 표했다. 이어 엘리제궁의
새 온실에서 쥘 그레비 대통령을 만났다.

악마와 관련해 전 세계에서 전해진 소식은 대체로 긍정적이었다. 공식 보고에 따르면 부트
퓌의 기계들은 모두 무장 해제되었고, 용병들은 해산되어 각지로 흩어졌다. 다만 영국은행 비
밀 금고에 보관된 금에 대해
서는 아직 확실한 소식이 도
착하지 않았다.

나는 그가 남긴 막대한
군사력과 재산이 각국의 책
임 아래 귀속되는 것이 마땅
하다고 생각했다.

　1년 전, 쥘 베른의 피격 사건을 접하고 아미앵으로 향했던 기억을 떠올리며 나는 다시 기차에 올랐다.

　쥘 베른은 나를 집으로 초대했다. 그는 새 소설을 준비 중인 서재로 나를 데리고 갔다. 나는 그동안 있었던 일을 하나도 빠짐없이 들려주었다. 쥘 베른은 내 이야기에 깊은 호기심을 보였지만, 내가 여행 중 목격한 기계들에 관한 이야기에 이르자 놀란 표정을 감추지 못했다.

　그는 오래 서 있는 것을 힘들어했다. 총상을 입은 발이 아직 완전히 낫지 않은 것이 분명했다. 내 표정을 읽은 듯, 쥘 베른은 옅은 미소를 지었다.
　"나도 당신처럼 죽을 때까지 절뚝거리게 될 것 같군. 이 상처는 한때 동지였으나 결국 적이 된 친구를 떠올리게 하는, 고통스러운 기억으로 남을 거요."

　쥘 베른은 자신이 줄곧 악마라고 불러왔던 존재가 더 이상 존재하지 않는다는 사실에 안도했다. 그러나 동시에, 자신이 상상해 온 기계들이 현실이 되었다는 자부심과 그것이 자칫 세계대전으로 이어질 수도 있었다는 죄책감 사이에서 괴로워했다. 나는 그의 복잡한 마음을 충분히 이해할 수 있었다.

"당신이 들려준 이야기를 종합해 보니, 날고, 달리고, 물에 뜨고, 잠행까지 할 수 있는 그 기계야말로 가장 경이로운 존재인 것 같소."

쥘 베른이 말했다.

"이름을 붙인다면 '괴물'이라 부를 수밖에 없겠습니다. 내 상상력이 그와 같은 기계를 만들어낼 수 있을지는 장담할 수 없지만, 당신이 들려준 이야기를 바탕으로 《정복자 로뷔르》의 후속작을 쓰고 싶어졌소. 제목은 '세상의 정복자' 정도가 어울릴 것 같군요."

나는 빙그레 미소를 지었다. 그의 넘치는 상상력은 이미 다시 움직이기 시작한 것이 분명했다.

그가 『경이로운 여행』을 통해 독자들에게 말해왔던 것처럼, 인류가 잘못을 통해 배우고, 그 경험을 바탕으로 지혜롭게 과학을 발전시키며, 세상을 더 깊이 이해하고 더 나은 미래를 만들어가기를 나는 바랐다.

내 생각을 전하자, 쥘 베른은 익살스럽게 웃으며 말했다.

"지나친 경험보다 위대한 것은 없소."

단서와 해답

키워드 사전

AFRIQUE
AMAZONIE
AMIENS
AMSTERDAM
ANGLETERRE
ANTARCTIQUE
ANTILLES
ATHÈNES
BELÉM
BERLIN

BLACK HILLS
BLUE RIDGE
BOMBAY
CHICAGO
CHINE
ÉDIMBOURG
GENÈVE
GLASGOW
GROENLAND
HAMBOURG

HAUMAKA
HAWAÏ
HIMALAYA
HONG KONG
ICELAND
ÎLES CHATHAM
ÎLES MARQUISES
INDE
IRKOUTSK
ITALIE

JAPON
KALAHARI
LABRADOR
LAKE VICTORIA
LE HAVRE
LIVERPOOL
LOANGO
LONDON
LONDON
MALOUINES

MEXIQUE
MONT BLANC
MONTE-CARLO
MOSCOU
NANTES
TEXAS
NEVADA
NIAGARA FALLS
OREGON
OURAL
PANAMA
PARIS
PHILADELPHIA
PÔLE NORD
POLYNÉSIE
PORT-SAÏD
REYKJAVIK
ROCHEUSES
ROME
SAINTE-HÉLÈNE
SAINT-MALO
SAN DIEGO
SAN FRANCISCO
SARDAIGNE
SHANGAI
SIBÉRIE
SITKA
STROMBOLI
SUEZ
SUMATRA
SYDNEY
TABLE-ROCK
TAMPA
TÉHÉRAN
TIBET
TITUSVILLE
TOKYO
WASHINGTON
WHITE HOUSE
ZANZIBAR

사건의 단서

쥘 베른의 집(17P)

세계 지도에 쓰인 제목이 힌트다. 공책의 숫자와 알파벳을 참고하여 지도 뒷면의 숫자를 더하거나 빼면 새로운 숫자가 나온다.

침묵의 동반자(25P)

'문학여행'은 은유적 표현이다. 글을 따라가며 읽는 행위를 여행에 빗댄 것이다. '평범하지 않은 표식'이란, 편지 속에서 유난히 눈에 띄는 요소를 뜻한다. 쥘 베른은 독자에게 그 표식들을 따라가라고 지시하고 있는 셈이다.

아프리카의 심장부(31P)

폭탄이 녹슬어 있었지만, 몇 글자는 읽을 수 있었다. 폭탄들을 자세히 관찰하면 적혀 있는 알파벳을 알아낼 수 있다.

신세계로 향하는 문(39P)

사장은 당신이 찾고 있는 외피를 '셸(SHELLS)'이라고 불렀다. 비록 종이가 찢기고 얼룩져 있었지만, 회계 장부와 서류철을 대조하면 구매자를 파악할 수 있다. 회계 장부와 서류철의 코드를 비교해 확인하면 된다.

아주 거대한 무기(47P)

대포가 향하고 있는 방향과 대포의 각도를 그림에서 관찰할 수 있다. 이를 참고하여 잠재적으로 목표가 된 나라를 확인하고, 관련 자료를 이용해 단위를 변환한다.

대지의 피(55P)

코드를 이용해 룬 문자를 해독한다. 그러면 지도의 가장 큰 점의 위치를 알 수 있다.

심해의 위협(63P)

연역 추리란, 주어진 조건을 바탕으로 가능한 경우를 하나씩 제거하며 정답을 도출하는 방법이다. 각 단서를 통해 기구와 도시의 관계를 확정하거나 배제하면, 결국 하나의 경우만 남게 된다.

개혁클럽의 크로노미터(73P)

이 암호는 간격을 이용한 이동 암호이다. 숫자로 이루어진 해독 키를 필요한 만큼 반복해 사용하면 암호문을 풀 수 있다. 예를 들어 해독 코드가 1234인 경우

ISIAR TBNMC
+ 12341 23412(알파벳을 숫자만큼 이동)
= JULES VERNE

이제 숫자화된 해독 코드를 찾기만 하면 된다.

목적은 수단을 정당화한다(82P)

바른위치 = 알파벳이 맞고, 위치도 바른 것 / 틀린 위치 = 알파벳은 맞지만, 위치는 틀린 것이다. 이 조건에 따라 알파벳의 조합을 차례로 살펴본다. 조건에 해당되지 않는 알파벳부터 제거한다.

코끼리의 돌격(89P)

첫 번째 이동은 수평으로 같은 네모 문양의 우표를 잇는다. 그 결과 나온 알파벳이 S다. 두 번째는 수직으로 같은 언어, 스페인어를 연결한다. 그와 같은 방식으로 공통의 문양이나 언어를 따라 가로, 세로로 이동하여 최종적으로 오른쪽 하단에 있는 우표까지 쭉 잇는다.

자연의 분노(99P)

혼슈는 일본의 섬이며 오리건은 미국에 있다. 각 화물은 하나의 배와 하나의 목적지에 연결된다. 제시된 단서를 이용해 도표를 완성하라.

강철의 도시(107P)

암호 코드는 공책 네 권의 겉장 색깔을 의미한다. 일부 암호에는 줄이 그어져 있고, 일부는 반복된다. 이 단서들을 이용해 비밀 용병 훈련 기지를 가리키는 다섯 개의 알파벳을 밝혀내라.

알바트로스의 바람(117P)

메시지는 영어로 쓰였다. 빠진 알파벳은 전체 문장을 읽어 보면 자연스럽게 추론할 수 있다. 마지막에 언급된 도시 이름을 확인하면 문제의 도시를 알 수 있다.

하늘을 나는 배(127P)

둥근 워터마크는 희미하고 모양도 조금씩 다르다. 그러나 알파벳이 적힌 세 개의 워터마크를 자세히 비교하면, 종이를 만든 회사명과 생산 도시를 읽어낼 수 있다.

불꽃 튀는 만남(135P)

장치는 다섯 개의 독립된 구획으로 나뉘어 있다. 각 구획에서 기어, 랙, 벨트의 연결을 따라가며 작동 방향을 찾으라. 그 방향이 레버를 움직일 위치를 알려 주며 하나의 알파벳을 가리킨다. 다섯 개의 알파벳을 합치면 하나의 단어가 완성된다.

아마존의 황금(143P)

암호를 보면 글자들을 두 부분으로 나눈 것처럼 보인다. 악마가 남긴 암호문을 가로로 반으로 접고, 보이지 않는 나머지 절반을 상상해 보라.

젊은 베른의 흔적(149P)

이 표에는 분명 특정한 읽는 규칙이 있다. 이것이 악마가 만든 것이라면, 그는 아마도 이미 그 규칙을 알 수 있는 단서를 남겨 두었을 것이다.

행운과 불운(155P)

목록에 적힌 이니셜을 주의 깊게 살펴보라. 그리고 지금까지 수사 과정에서 밝혀낸, 악마가 사용한 가명들을 떠올려 보자. 그 이름들은 각각 특정한 도시와 연결되어 있다. 기억을 되살려 자신이 알고 있는 정보와 목록의 명단이 서로 맞아떨어지는지 확인한다.

운명적 동맹(161P)

줄무늬에 현혹되면 안 된다. 다른 각도로 사진을 살펴보거나 조금 떨어져 관찰하는 것이 좋다.

공포 앞에서(167P)

바퀴를 쏘는 것은 좋은 선택이 아니다. 총알 6발 전부를 기계의 다른 부분을 겨냥하는 데 사용하라. 또한 같은 부위를 여러 번 쏠 수도 있다는 점을 잊지 마라.

정답 및 해설

쥘 베른의 집(17P)

공책에 적힌 알파벳 밑의 숫자와 지도 뒷면에 적힌 일련의 숫자들이 가리키는 것 만큼 빼거나 더하면

JULES VERNE EXTRAORDINARY MAP

J	U	L	E	S	V	E	R	N	E	E	X	T	R	A	O	R	D	I	N	A	R	Y	M	A	P
+6	-11	-4	0	+1	+4	0	-6	-1	+10	+9	-4	-15	-15	0	+3	-6	+11	0	0	+19	0	-16	-6	+20	-11
P	J	H	E	T	Z	E	L	M	O	N	T	E	C	A	R	L	O	I	N	T	R	I	G	U	E

= PJ HETZEL MONTECARLO INTRIGUE(P.J. 에첼 - 몬테카를로 음모)

따라서 확인해야 할 장소는 **MONTE-CARLO(몬테카를로)**이다.

침묵의 동반자(25P)

쥘 베른의 편지에 삽입된 영어 단어들만, 등장 순서대로 이어 읽으면 다음과 같은 문장이 완성된다.

The Victoria is hidden north of the eponymous lake.
(빅토리아는 동명의 호수 북쪽에 숨겨져 있다.)

따라서 찾아야 할 위치는 **VICTORIA LAKE(빅토리아 호수)**이다.

아프리카의 심장부(31P)

폭탄에 적힌 알파벳 조합하면, Smith Steels Liverpool이 된다. 폭탄이 가리키는 장소는 영국 **LIVERPOOL(리버풀)**이다.

신세계로 향하는 문(39P)

두 장부를 확인하면, 강철 외피 '셸'을 구매한 사람은 John Falsy로, Flamingos Street, Tampa(FL), United States에 살고 있다. 그러므로 배달 도시는 **TAMPA(탬파)**이다.

아주 거대한 무기(47P)

콜럼비아드 대포는 방위각 27도를 향하고 있으므로, 가능한 목표 지점은 보스턴, 뉴욕, 아이슬란드, 노르웨이로 좁혀진다. 또한 대포의 발사 각도는 40도이므로, 그래프상 발사 거리는 6킬로미터보다 약간 짧다. 이를 해리로 환산하면 3,240해리보다 조금 작은 값이 된다.

이 조건을 기준으로 보면, 보스턴과 뉴욕은 발사 거리에 비해 너무 가깝고, 노르웨이는 발사 거리를 넘어 너무 멀다.
따라서 콜럼비아드 대포의 표적은 **아이슬란드(ICELAND)**임을 알 수 있다.

대지의 피(55P)

코드로 룬 문자를 해독한다. 암호화된 룬 문자가 가리키는 것은 화산이 있는 섬과 나라다. 가장 큰 점은 지중해에 위치해 있고 그중 목록에 있는 장소는 시칠리아다.
그러므로 잠수함이 있는 화산은 **Stromboli(스트롬볼리)**다.

(화산 목록은 단순한 지리 정보가 아니라 쥘 베른의 소설 세계를 암시하는 상징적인 단서로 사용된다.
특히 《지구 속 여행》에서 주인공들은 아이슬란드의 스나이펠스(Sneffels) 화산 분화구로 들어가 지구 내부를 탐험하게 되며, 여행의 끝에서는 이탈리아의 스트롬볼리(Stromboli) 화산을 통해 지상으로 다시 나오게 된다.
쥘 베른의 작품에서 화산은 단순한 자연 현상이 아니라 지구 내부와 외부를 연결하는 통로로 묘사된다. 목록에 등장하는 스트롬볼리, 크라카토아, 사쿠라지마, 할레아칼라 등 세계 각지의 유명한 화산들은 이러한 상상력을 떠올리게 하는 상징적인 장소들이다. 따라서 이 화산 목록은 악마가 쥘 베른의 소설을 참고하고 있음을 보여 주는 단서이며, 그의 계획이 단순한 과학 실험이 아니라 쥘 베른의 상상력을 현실에서 구현하려는 시도와 연결되어 있음을 암시한다. - 편집자 주)

SNEFFELS (스나이펠스)	ICELAND (아이슬란드)
SOUFRIERE (수프리에르)	GUADELOUPE (과들루프)
STROMBOLI (스트롬볼리)	SICILY (시칠리아)
PITON DE LA FOURNAISE (피통 드 라 푸르네즈)	REUNION (레위니옹)
KRAKATOA (크라카토아)	DUTCH EAST INDIES (인도네시아 ; 네덜란드 동인도)
DIANA SPEAK (디아나 봉)	SAINT HELENA (세인트 헬레나)
SAKURAJIMA (사쿠라지마)	JAPAN (일본)
RANO KAU (라노 카우)	EASTER ISLAND(이스터섬)
HALEAKALA (할레아칼라)	HAWAII (하와이)

심해의 위협(63P)

크로노미터는 위도를 측정할 수 있고, 출처는 **런던(LONDON)**이다.

	방향	경도	위치	위도	속도	수심	파리	리버풀	살라망카	함부르크	런던	바르셀로나
육분의	X	X	X	O	X	X	X	O	X	X	X	X
크로노미터	X	O	X	X	X	X	X	X	X	X	O	X
측심기	X	X	X	X	X	O	X	X	O	X	X	X
속도계	X	X	X	X	O	X	O	X	X	X	X	X
나침반	O	X	X	X	X	X	X	X	X	X	X	O
해양지도	X	X	O	X	X	X	X	X	X	O	X	X
파리	X	X	X	X	O	X						
리버풀	X	X	X	O	X	X						
살라망카	X	X	X	X	X	O						
함부르크	X	X	O	X	X	X						
런던	X	O	X	X	X	X						
바르셀로나	O	X	X	X	X	X						

개혁클럽의 크로노미터(73P)

이 암호는 숫자 해독 키를 반복해서 적용하는 이동 암호다. 본문의 단서에서 찾을 수 있는 해독 키는 1863이다. 이 숫자를 암호문 길이에 맞게 반복해서 적용하면 된다.

GSPB AWYK CAMZNNYODV. / FG NL GSOJZCU. / BGGB PMCZJDS.
+ 1863 1863 1863186318. / 18 63 1863186. / 1863 1863186.
= Have been discovered. Go to Haumaka. Come quickly.
　(정체가 드러났다. 하우마카로 가라. 서둘러서 와라.)

전보가 가리키는 도시는 **Haumaka(하우마카)**다.

＊ **코난 도일과의 깜짝 퀴즈**(76p) : 실제 시간은 14시 30분이다.

목적은 수단을 정당화한다(82P)

OIEN → 맞는 글자 0개, 글자는 맞지만 위치 틀린 것 3개 → I, E, N 포함(O 제외 – ONME와 비교)

ONME → 맞는 글자 2개, 글자는 맞지만 위치 틀린 것 0개 → N, E 위치 확정, M 제외

MINE → 맞는 글자 1개, 글자는 맞지만 위치 틀린 것 2개 → M 없음 확인, I 포함

IEMD → 맞는 글자 1개, 글자는 맞지만 위치 틀린 것 2개 → D 포함, I 위치 확인

이 조건을 모두 만족하는 4글자는 **INDE(인도)**이다.(쥘 베른의 모국어인 프랑스어로 표기)

코끼리의 돌격(89P)

공통의 문양이나 단어를 연결하면
S-U-M-A-T-R-A 즉 **SUMATRA
(수마트라)**가 된다.

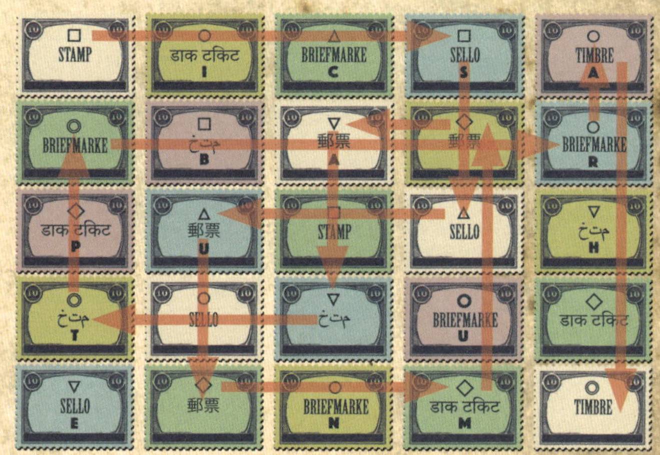

자연의 분노(99P)

기계 부품은 미국 **오리건(Oregon)**
을 향하는 증기선에 선적될 것이다.

	증기선	세 개의 돛을 단 배	정크선	증기 돛단배	네덜란드	오리건	폰디체리	혼슈
커피		○					○	
후추				○	○			
고추			○					○
기계 부품	○					○		

강철의 도시(107P)

R=Red, B=Blue, G=Green, Y=Yellow로 노트 표지의
색깔을 뜻한다. 암호를 풀어 얻은 알파벳은 각각
S, I, T, K, A다. 즉 비밀 용병 훈련 기지는
SITKA(싯카)에 있다.

알바트로스의 바람(117P)

모스 부호를 왼쪽 표의 알파벳으로 대치하면 오른쪽과
같은 문장이 나온다.

TO M○○RATH.
ALB○TR○S READY
FOR ○IRST TRY!
MEET ON OCT○○○○
15,
FAIRMOUNT PARK,
PHIL○○ELPHIA,
ROB.

○가 있는 부분에 들어갈 알파벳을 유추하여 넣어보면
다음과 같이 전보 형식의 메시지를 완성할 수 있다.

TO M**C**G**R**ATH.
AL**B**A**T**ROS READY FOR **F**IRST TRY!
MEET ON OCT**O**BER 15, FAIRMOUNT PARK,
PHIL**AD**ELPHIA, ROB.

"맥그래스에게. 알바트로스, 첫 시험 준비 완료! 10월 15일,
필라델피아 페어마운트 공원에서 만나자. 롭."
그러므로 도시는 **Philadelphia(필라델피아)**이다.

하늘을 나는 배(127P)

워터마크에 인쇄된 글자는 다
음과 같다.

OIL-CREEK-PAPERS-TI-
TUSVILLE

따라서 재료가 생산된 도시는
Titusville(타이터스빌)이다.

불꽃 튀는 만남(135P)

레버를 **왼쪽 / 오른쪽 / 오른쪽
/ 왼쪽 / 오른쪽** 위치로 맞추면
모든 버튼이 초록색으로 바뀌며
장치가 해제된다.
이때 나타나는 다음 목적지는 **BELÉM(벨렝)**이다.

아마존의 황금(143P)

암호문의 윗부분만 기준으로 보고, 잘린 나머지 절반을 이어 보면 **NANTES(낭트)**라는 단어를 읽
어낼 수 있다.

젊은 베른의 흔적(149P)

이전 장에서 사금에 새겨진 문양을 따라 표의 글자를 읽으면, "MY GOLD IS SAFE IN THE CITY OF LONDON.(내 금은 런던시에 안전하게 보관되어 있다.)"이라는 문장이 드러난다. 그러므로 다음 목적지는 **LONDON(런던)**이다.

행운과 불운(155P)

지금까지 악마가 사용한 가명은 다음과 같다.

- John Falsy (존 폴시) – 탬파
- Armand Boutefeu (아르망 부트푀) – 파리
- Gilberto Piento (힐베르토 피엔토) – 마드리드
- Aman Aag (아만 아그) – 캘커타
- Hans Feuer (한스 포이어) – 뒤셀도르프

이들 가운데, 이니셜과 거주 도시가 서로 일치하는 경우는 단 하나뿐이다. A.B. 그리고 파리.
따라서 다음 행선지는 **파리(PARIS)**다.

운명적 동맹(161P)

이미지를 기울이거나, 충분히 거리를 두고 바라보면 산의 풍경이 드러난다. 그리고 그 위에 **TABLE ROCK(테이블 록)**이라는 글자가 나타난다.

공포 앞에서(167P)

정확히 100점을 만들 수 있는 방법은 단 하나뿐이다. 모터에 4발을 쏘고 방향타에 2발을 쏘는 것이다. 그러면 $4 \times 17 + 2 \times 16 = 100$이 된다.
즉, 찾아야 할 장소는 **WHITE HOUSE**, 곧 **백악관**이다.

사진 출처

© Gilles Saint-Martin : p. 37, p. 141, p. 165.

© SKGD-Création : pp. 20–21, p. 50.

© Archives Larbor :
Ph. Nadar Coll. (p. 7h) ; Ph. O. Ploton (p. 7b) ; Ph. Coll. (p. 14, p. 36h, p. 128, p. 163) ;
Ph. Olivier Ploton / Centre International Jules Verne, Amiens (p. 24h, p. 41, p. 62, p. 67h, p. 74,
p. 92h, p. 92b, p. 130, p. 144) ; Ph. (p. 32h, p. 108) ; Ph. Coll. / Bibliothèque nationale de France,
Paris (p. 33h, p. 42g, p. 94, p. 109, p. 110, p. 111, p. 156) ; Ph. Jacques Bottet (p. 54) ;
Ph. Jeanbor / Bibliothèque nationale de France, Paris (p. 73) ; Ph. Elliott et Fry - Coll. (p. 75) ;
Ph. Jeanbor / Musée de la Marine, Paris (p. 106) ; Ph. Jeanbor / Musée Carnavalet, Paris (p. 118) ;
Ph. Jeanbor / Musée de l'Air, Paris (p. 126) ; Ph. Michel Didier / Service historique de la marine,
Vincennes (p. 145) ; Ph. Olivier Ploton / Collection particulière (p. 168) ;
Ph. Herbert Coll. (p. 177)

© Archives Larousse :
Ph. Meurisse Coll. / Bibliothèque nationale de France, Paris (p. 12) ;
Ph. O. Ploton (p. 39, p. 121) ;
Ph. Coll. (p. 42d, p. 48h, p. 51, p. 136, p. 178) ;
Ph. (p. 46, p. 55) ;
Ph. Olivier Ploton / Centre International Jules Verne, Amiens (p. 131, p. 171).

© Archives Larousse - DR : Ph. Coll. (p. 49h).

© US Capitol : Ph. / Capitole des États-Unis, Washington (p. 129h).

© Bibliothèques d'Amiens Métropole / Coll. Archives Larousse :
Ph. / Collection Jules Verne des bibliothèques d'Amiens Métropole (p. 150h, p. 150g) ;
Ph. P.J. Delbarre (p. 152)

© Shutterstock

© AdobeStock
Domaine public : White Star Liner Adriatic, George Parker Greenwood, 1889 (p. 47) ;
La Jangada – Huit Cents lieues sur l'Amazone, Jules Verne, 1881 (p. 80) ;
Zenodot Verlagsgesellschaft mbH (p. 139)